MARIA INÊS CARNIATO

A RELIGIÃO NO MUNDO

6º ANO
PROFESSOR

EDIÇÃO REVISTA E AMPLIADA

Paulinas

Dados Internacionais de Catalogação na Publicação (CIP)
(Câmara Brasileira do Livro, SP, Brasil)

Carniato, Maria Inês
A religião no mundo, 6º ano : livro do professor / Maria Inês Carniato. – Ed. rev. e ampl. – São Paulo : Paulinas, 2009. – (Coleção ensino religioso fundamental)

ISBN 978-85-356-2456-4

1. Educação religiosa (Ensino Fundamental) I. Título. II. Série.

09-05965 CDD-372.84

Índice para catálogo sistemático:
1. Educação religiosa : Ensino Fundamental 372.84

1ª edição – 2009
3ª reimpressão –2020

Direção-geral: Flávia Reginatto
Editora responsável: Luzia M. de Oliveira Sena
Assistente de edição: Andréia Schweitzer
Copidesque: Maria Goretti de Oliveira
Coordenação de revisão: Marina Mendonça
Revisão: Ruth Mitzuie Kluska
Direção de arte: Irma Cipriani
Gerente de produção: Felício Calegaro Neto
Projeto gráfico: Telma Custódio

Créditos das imagens

© Paulinas Editora
pp. 17a, 17b, 17d, 22, 27b, 30, 32, 49, 55, 63, 64a, 69: Arquivo Paulinas;
p. 19: Ângela Martins Pereira; p. 21a: Cipriani; p. 24: Batistério de São João, França;
p. 37: Luzia Sena; p. 39b: Museu do Louvre, Paris; p. 42: Biblioteca Nacional, Paris;
p. 48: Aline Gomes dos Santos; p. 61: Denise Dognini; p. 67: Galeria Gavin Graham, Londres;
p. 71: Museu de Belas Artes de Orleans, França

© Família Cristã
pp. 23, 52: Arquivo Família Cristã; p. 14: Edgard Rodrigues; p. 17c: Andréa Sales;
p. 53: Jarder da Rocha; p. 54: Luís Abreu

© Editora Mundo e Missão
pp. 21b, 26, 27a, 38, 39a, 50, 56, 64b

© Stock.XCHNG
capa; pp. 13, 16, 29, 33, 36, 41, 45, 46, 47, 59, 60, 66

Paulinas
Rua Dona Inácia Uchoa, 62
04110-020 – São Paulo – SP (Brasil)
Tel.: (11) 2125-3500
http://www.paulinas.com.br – editora@paulinas.com.br
Telemarketing e SAC: 0800-7010081

A RELIGIÃO NO MUNDO

6º ANO

PROFESSOR

Convite a quem ama a educação

Você, professora/professor, que dedica suas energias, conhecimentos e tempo à grandiosa profissão de educar, com certeza deseja o melhor para seus alunos.

A escola forma o ser humano como cidadão consciente, crítico, participante e responsável, mas também como pessoa única, situada no mistério da abertura à transcendência, que se manifesta nos sinais do sagrado presentes na diversidade cultural e religiosa.

O componente curricular Ensino Religioso não é proposta de fé, mas, sim, de conhecimento e apropriação de novos saberes acerca de dados reais presentes na sociedade. Proporciona a queda de preconceitos, temores e rivalidades e a convivência ética, respeitosa e solidária com as variadas diferenças que compõem a diversidade religiosa, étnica e cultural da população brasileira e da humanidade.

Cabe a você comunicar aos alunos e a seus familiares a confiança na escola e a certeza de que o Ensino Religioso, longe de excluir ou desprezar qualquer experiência ou pertença religiosa, valoriza os diferentes conhecimentos, vivências e modos de crer, presentes na sala de aula, na escola e na sociedade.

Educar para a compreensão do Fenômeno Religioso como aspecto positivo da cultura humana e cultivar na escola a convivência com a diversidade é um dos principais objetivos do Ensino Religioso. Por isso, o livro do 6º ano, *A religião no mundo,* sugere atividades de observação, pesquisas, entrevistas, debates, reflexões, produção de textos e representações artísticas que orientem o pré-adolescente no exercício de ver, refletir, elaborar e socializar conhecimentos e definir conclusões significativas para a vida pessoal e coletiva.

Parabéns por sua coragem de apostar na eficácia transformadora do Ensino Religioso. Auguramos que este livro venha ao encontro de suas expectativas didáticas e pedagógicas e contribua para fazer de sua sala de aula uma célula do mundo de igualdade e paz com o qual todos sonhamos.

A você, um abraço de Paulinas Editora e da autora deste livro.

Ensino Religioso
Componente curricular do Ensino Fundamental

A escola é espaço de pesquisa, construção de conhecimento, apropriação do legado cultural da humanidade e reflexão sobre a vida atual, em vista da educação integral e cidadã.

O Ensino Religioso, componente curricular do Ensino Fundamental, afirma-se nas Ciências da Religião, uma nova área acadêmica adotada em universidades do mundo inteiro, nos últimos 100 anos.

As Ciências da Religião têm por objetivo o estudo sistemático da religião, ou seja, das expressões culturais da religiosidade humana, em todas as suas dimensões, formas, conteúdos, práticas, significações. Por isso, a sua estrutura é multidisciplinar. Diferentes disciplinas, como Sociologia, Antropologia, História, Geografia, Filosofia, Psicologia, dentre outras, auxiliam na abordagem e compreensão desse fenômeno universal, presente nas diferentes culturas, desde os primórdios da humanidade.

O objeto de estudo da disciplina Ensino Religioso é o Fenômeno Religioso, isto é, os sinais e as expressões da religiosidade humana na cultura e na sociedade. Edgar Morin, professor da Universidade de Paris, no livro *Os sete saberes necessários para a educação do futuro*, escrito a pedido da UNESCO (Organização das Nações Unidas para a Educação, a Ciência e a Cultura), sobre os paradigmas da educação para o Terceiro Milênio, assim diz: "O saber científico sobre o qual este texto se apoia para situar a condição humana não só é provisório, mas também desemboca em profundos mistérios referentes ao Universo, à Vida, ao nascimento do ser humano. Aqui, intervêm opções filosóficas e crenças religiosas através de culturas e civilizações" (p. 13).

O Ensino Religioso como parte da educação cidadã, visa desenvolver as duas dimensões propostas pelo professor Morin: por um lado, o saber que resulta do rigor científico e, por outro, a humanização e a superação de preconceitos e rivalidades derivados da ignorância ante a diversidade de gênero, cultura, religião ou etnia.

EXIGÊNCIA CULTURAL DA SOCIEDADE

A UNESCO há muitos anos incentiva os povos a uma convivência internacional justificada pelos Direitos Fundamentais do Ser Humano, dentre os quais o direito de crença e de culto.

Diz a *Convenção Relativa à Luta contra a Discriminação no Campo do Ensino*, de 1960: "A educação deve visar ao pleno desenvolvimento da personalidade humana e ao fortalecimento do respeito aos direitos humanos e das liberdades fundamentais, o que deve favorecer a compreensão, a tolerância e a amizade entre todas as nações e todos os grupos raciais ou religiosos, assim como o desenvolvimento das atividades nas Nações Unidas para a manutenção da paz. Deve ser respeitada a liberdade dos pais ou, quando for o caso, dos tutores legais de assegurar, conforme as modalidades de aplicações próprias da legislação de cada Estado, a educação religiosa e moral dos filhos, de acordo com suas próprias convicções; outrossim, nenhuma pessoa ou nenhum grupo poderá ser obrigado a receber instrução religiosa incompatível com suas convicções" (art. 5º).

A *Declaração sobre a Raça e os Preconceitos Raciais*, de 1978, diz: "A identidade de origem não afeta de modo algum a faculdade que possuem os seres humanos de viver diferentemente, nem as diferenças fundadas na diversidade das culturas, do meio ambiente e da história, nem o direito de conservar a identidade cultural" (art. 1º).

A *Declaração sobre a Diversidade Cultural*, de 2001, confirma em sua introdução: "A UNESCO, reafirmando sua adesão à plena realização dos direitos humanos e das liberdades fundamentais proclamadas pela *Declaração Universal dos Direitos Humanos*; [...] Reafirmando que a cultura deve ser considerada como o conjunto de traços distintivos espirituais e materiais, intelectuais e afetivos que caracterizam uma sociedade ou um grupo social, e que abrange, além das artes e das letras, os modos de vida, as formas de convivência, os sistemas de valores, as tradições e as crenças. [...] Aspirando a uma maior solidariedade baseada no reconhecimento da diversidade cultural, na conscientização da unidade do Gênero Humano e no desenvolvimento de intercâmbios culturais, proclama: [...] A diversidade cultural amplia as possibilidades de escolha que se oferecem a todos; é uma das fontes do desenvolvimento, entendido não somente em termos de crescimento econômico, mas também como meio de acesso a uma existência intelectual, afetiva, moral e espiritual satisfatória" (art. 3º).

A *Convenção para a Salvaguarda do Patrimônio Cultural Imaterial*, de 2003, acrescenta: "O patrimônio cultural imaterial [...] manifesta-se em particular nos seguintes campos: tradições e expressões orais, incluindo o idioma como veículo do patrimônio cultural imaterial; expressões artísticas; práticas sociais, rituais e atos festivos; conhecimentos e práticas relacionados à natureza e ao universo; técnicas artesanais tradicionais. Entende-se por 'salvaguarda' as medidas que visam garantir a viabilidade do patrimônio cultural imaterial, tais como a identificação, a documentação, a investigação, a preservação, a proteção, a promoção, a valorização, a transmissão – essencialmente por meio da educação formal e não formal – e revitalização deste patrimônio em seus diversos aspectos (arts. 2º e 3º).

Acesso aos textos integrais da UNESCO: <www.brasilia.unesco.org./publicacoes/docinternacionais/doccultura>.

DIVERSIDADE E DIREITOS HUMANOS NO BRASIL

O Estado brasileiro, por meio da Secretaria Especial de Direitos Humanos, vem pondo em prática os compromissos assumidos como Estado membro da UNESCO.

A *Constituição Federal* de 1988 assim diz: "É inviolável a liberdade de consciência e de crença, sendo assegurado o livre exercício dos cultos religiosos e garantida, na forma da lei, a proteção aos locais de culto e a suas liturgias" (art. 5º, inciso VI).

A Cartilha *Diversidade Religiosa e Direitos Humanos*, de 2005, complementa: "O Estado brasileiro é laico. Isso significa que ele não deve ter, e não tem religião. Tem, sim, o dever de garantir a liberdade religiosa [...] um dos direitos fundamentais da humanidade, como afirma a Declaração Universal dos Direitos Humanos. [...] A pluralidade, construída por várias raças, culturas, religiões, permite que todos sejam iguais, cada um com suas diferenças. É o que faz do Brasil, Brasil. Certamente, deveríamos, pela diversidade de nossa origem, pela convivência entre os diferentes, servir de exemplo para o mundo" (Apresentação).

Acesso à Cartilha: <www.presidencia.gov.br/estrutura_presidenciasedh/.arquivos/cartilhadiversidadereligiosaportugues.pdf>.

O ENSINO RELIGIOSO NO ÂMBITO DA EDUCAÇÃO NACIONAL

A *Constituição Federal* de 1988 assim define o Ensino Religioso: "Serão fixados conteúdos mínimos para o Ensino Fundamental, de maneira a assegurar formação básica comum e respeito aos valores culturais e artísticos, nacionais e regionais. § 1º – O Ensino Religioso, de matrícula facultativa, constituirá disciplina dos horários normais das escolas públicas de Ensino Fundamental" (cf. art. 110).

O art. 33 da *Lei de Diretrizes e Bases da Educação Nacional* de 1996, redigido pela segunda vez pela Lei n. 9475, em 1997, esclarece: "O Ensino Religioso, de matrícula facultativa, é parte integrante da formação básica do cidadão e constitui disciplina dos horários normais das escolas públicas de Ensino Fundamental, assegurado o respeito à diversidade cultural religiosa do Brasil, vedadas quaisquer formas de proselitismo".

A Câmara de Educação Básica do Conselho Nacional de Educação, na Resolução n. 7, de 14 de dezembro de 2010, ao fixar as *Diretrizes Curriculares Nacionais para o Ensino Fundamental de 9 (nove) anos*, afirma:

"Art. 14. O currículo da base nacional comum do Ensino Fundamental deve abranger, obrigatoriamente, conforme o art. 26 da Lei n. 9.394/96, o estudo da Língua Portuguesa e da Matemática, o conhecimento do mundo físico e natural e da realidade social e política, especialmente a do Brasil, bem como o ensino da Arte, a Educação Física e o Ensino Religioso.

Art. 15. Os componentes curriculares obrigatórios do Ensino Fundamental serão assim organizados em relação às áreas de conhecimento:

I – Linguagens: a) Língua Portuguesa; b) Língua Materna, para populações indígenas; c) Língua Estrangeira moderna; d) Arte; e) Educação Física; II – Matemática; III – Ciências da Natureza; IV – Ciências Humanas: a) História; b) Geografia; V – Ensino Religioso.

Art. 21. No projeto político-pedagógico do Ensino Fundamental e no regimento escolar, o aluno, centro do planejamento curricular, será considerado como sujeito que atribui sentidos à natureza e à sociedade nas práticas sociais que vivencia, produzindo cultura e construindo sua identidade pessoal e social.

Parágrafo único. Como sujeito de direitos, o aluno tomará parte ativa na discussão e na implementação das normas que regem as formas de relacionamento na escola, fornecerá indicações relevantes a respeito do que deve ser trabalhado no currículo e será incentivado a participar das organizações estudantis.

Art. 22. O trabalho educativo no Ensino Fundamental deve empenhar-se na promoção de uma cultura escolar acolhedora e respeitosa, que reconheça e valorize as experiências dos alunos atendendo as suas diferenças e necessidades específicas, de modo a contribuir para efetivar a inclusão escolar e o direito de todos à educação."

CONTEÚDOS DO ENSINO RELIGIOSO

No âmbito das matrizes histórico-culturais brasileiras, o objeto de estudo do Ensino Religioso é o Fenômeno Religioso enquanto Patrimônio Imaterial do povo brasileiro.

De forma pedagógica, pode-se organizar a diversidade de informações e de possíveis abordagens do conteúdo em cinco eixos temáticos, partindo-se do visível, isto é, do conhecimento ao qual os estudantes têm acesso fora da escola, por meio da cultura, da comunicação, da observação do meio ambiente ou da experiência familiar:

- **Ritos, festas, locais sagrados, símbolos** – centros religiosos, templos, igrejas, sinagogas, mesquitas, terreiros, casas de reza; cerimônias, oferendas, cultos, liturgias, rituais etc.
- **Tradições religiosas** – indígenas, africanas e afro-brasileiras, Judaísmo, Xintoísmo, Hinduísmo, Budismo, Islamismo, Fé Bahá'í, Protestantismo, Catolicismo, Pentecostalismo, novos movimentos religiosos ecléticos e sincréticos, religião cigana e outras.
- **Teologias das tradições religiosas** – diferentes nomes e atributos do ser transcendente, diferenças e semelhanças doutrinais entre as tradições religiosas; mitos de origem; crenças na imortalidade: ancestralidade, reencarnação, ressurreição.
- **Textos sagrados** – orais: mitos e cosmovisões das tradições indígenas, ciganas, africanas; escritos: livros sagrados das antigas civilizações e das tradições religiosas atuais.
- ***Ethos* dos povos e das culturas** – costumes e valores dos povos e de suas religiões.

TRATAMENTO PEDAGÓGICO DO ENSINO RELIGIOSO

O Ensino Religioso é essencialmente interdisciplinar. Requer atividades interativas que proporcionem não só pesquisa rigorosa, reelaboração de dados, produção de formas literárias e artísticas do conhecimento adquirido e reflexão, como também experiências significativas na educação integral, pois nenhuma disciplina como o Ensino Religioso lida com as questões humanas universais.

Estas, por sua vez, refletidas e dialogadas, podem iluminar questões particulares e coletivas e se transformar em construção da sabedoria de vida, que leva à cidadania e ao protagonismo na humanização e na transformação da sociedade.

Atividades sugeridas neste livro

O livro terá sugestões de atividades para cada aula. Algumas podem ser estendidas por duas ou três aulas consecutivas, conforme o desempenho e o interesse da turma. Outras podem dar origem a projetos de duração maior. Este é o motivo de haver apenas 18 aulas para serem desenvolvidas ao longo do ano.

De modo geral, cada aula terá uma ou mais sugestões de atividade de reflexão e construção de conhecimento a partir dos textos do próprio livro.

O item *Grande Lance*, que aparece no fim de cada aula, é sempre opcional. Além dele, há outras sugestões de atividades opcionais, que podem ser aplicadas a qualquer aula em momentos oportunos, conforme o interesse da turma.

Debate em classe – Adaptada à idade dos alunos/alunas, favorece os exercícios de reflexão, clareza na expressão oral e escuta atenta. Leva a experimentar a eficácia da concentração e da organização de ideias, desenvolve a autoconfiança e favorece o respeito à diversidade de opiniões.

Diálogo em grupo – Com orientações claras sobre o objeto de diálogo e a finalidade do trabalho em grupo, esta é uma atividade que educa para a concentração na tarefa objetiva a ser feita, o controle e o bom aproveitamento do tempo, o diálogo interpessoal, a circularidade de lideranças, a objetividade em preparar resultados claros para serem apresentados à classe, o respeito às diferenças e a descoberta da riqueza de um trabalho que agrega diferentes pontos de vista de um mesmo objeto.

Mutirão de ideias – Favorece a expressão dos próprios posicionamentos e evidencia ideias originais e inovadoras a respeito de problemas e soluções.

Por caracterizar-se pela falta de reflexão prévia, as ideias devem ser anotadas no quadro, para que não se percam e posteriormente possam ser ordenadas e refletidas. Durante a atividade é desfavorável selecionar ou usar juízo de valor sobre o que for dito. A multiplicidade de ideias demonstra a diversidade e serve de ponto de partida para posteriores exercícios de pesquisa, argumentação e esclarecimento.

Debate – Requer dois grupos que defendam objetivamente ideias opostas. Exercita a atividade de pesquisa prévia e documentação da ideia que será defendida.

Desenvolve as habilidades de falar em público, ordenar a apresentação de fatos e ideias, representar um pensamento coletivo, distribuir partes do trabalho para diversas pessoas, aguardar a própria vez de fazer uma intervenção, respeitar a opinião contrária, tratar o adversário como igual e, se possível, procurar uma solução intermediária para a questão, de modo que os dois lados tenham seus argumentos valorizados. Se isto não for possível, refletir acerca da aceitação de perdas e da vitória não triunfalista.

Questionário – Aplicado de forma adequada, ajuda o estudante a ordenar objetivamente as informações já conhecidas e a identificar a resposta objetiva para cada questão. As questões subjetivas favorecem a elaboração escrita do próprio pensamento. Pode ser um ótimo exercício de preparação para um posterior debate.

Linguagem da mídia – Estimula o estudante a produzir e expressar seu conhecimento por meio de linguagens não convencionais na escola, mas presentes em seu cotidiano, como os programas de rádio e TV, textos de jornal, produções musicais e outras.

A atividade valoriza a linguagem apreciada pelos alunos/alunas e presta-se para expressões originais e prazerosas.

Projetos – Os alunos, acompanhados e orientados nas escolhas de temas e objetivos, planejam atividades, organizam o tempo disponível, providenciam os materiais necessários, assumem e executam tarefas pessoais e coletivas, avaliam e redirecionam os passos do projeto, envolvem a comunidade escolar e do entorno da escola, até a obtenção do objetivo proposto. É uma atividade altamente educativa, pois exercita todos os âmbitos da participação em sociedade.

Exploração do ambiente local – Prevê saídas da escola e observação dos recursos locais referentes ao objeto de estudo da atividade.

Visitantes – Convidar pessoas que venham dialogar com a turma sobre determinado tema ligado ao conteúdo do Ensino Religioso.

Pesquisas de campo – Gravar conversas de pessoas, sons, vozes, ruídos... que estejam documentando determinada situação. Trazer fotos de fatos ocorridos ou de pessoas em situações especiais e relacionar essas realidades com os conteúdos que estão sendo estudados.

Pesquisa histórica – Pesquisar a história de uma comunidade, de um centro religioso, de um local sagrado ou personagem religioso e escrevê-la em forma descritiva, em quadrinhos, em poema, com ilustrações ou em outro gênero.

Artistas – Pesquisar fotos e gravuras de símbolos e objetos sagrados das tradições religiosas, reproduzi-los nos materiais mais adequados, identificá-los e montar uma mostra cultural-religiosa.

Linguagem popular – Pesquisar palavras características da linguagem religiosa da região. Montar com elas um discurso, uma canção, um poema de cordel, uma peça de teatro, uma história ou outro gênero de expressão popular.

Observar o Fenômeno Religioso na cultura da comunicação – Ler reportagens ou histórias em quadrinhos, ouvir músicas, assistir a filmes e programas na televisão ou no rádio. Anotar tudo o que se refere ao Fenômeno Religioso e debater na sala de aula.

UNIDADE 1

Internautas do invisível

Objetivo Observar no mundo os sinais que mostram a busca humana de compreender o transcendente.

1.1. 6º ano, o sonho se realiza

OBJETIVO

Constatar que o ser humano é impulsionado para superar limites do presente e sonhar com algo melhor no futuro.

MATERIAL

Publicidades e embalagens em que apareçam logotipos e marcas de empresas, instituições ou produtos. Retalhos de cartolina ou papel colorido, material para desenho, colagem e pintura; um pequeno retângulo de cartolina para cada aluno/aluna e uma folha de cartolina ou papel pardo fixada ao mural da sala.

CONSTRUÍMOS NOSSO SONHO!

Parabéns! Valeu o esforço! Quantas vezes você sonhou chegar ao 6º ano!

Você, como cada um dos amigos e amigas, é importante na turma. Mas as pessoas são diferentes entre si. Por isso é preciso conhecê-las, aprender a conviver com as suas diferenças, pois elas nos enriquecem, nos desafiam, nos fazem crescer, e assim aprendemos a respeitar o modo de ser do outro e a fazer novas amizades.

Pedir à turma que lembre marcas e logotipos de produtos, empresas e instituições. Expor as embalagens ou publicidades.

Promover um diálogo sobre: "O objetivo de uma marca ou logotipo" (mostrar as qualidades do produto, torná-lo conhecido).

Disponibilizar o material de arte para que os alunos/alunas façam o logotipo com o próprio nome, sobrenome ou letras iniciais.

Com os logotipos prontos, sugerir que pensem em silêncio: "Qual é o meu sonho para o futuro?". E escrevam o sonho em forma de *slogan*. Ex.: *Pedro, veterinário: cuidado e respeito aos animais.*

Em círculo, promover a apresentação dos logotipos e dos *slogans*.

Por fim, incentivar a criação do logotipo e do *slogan* da turma.

Na folha afixada ao mural, montar o painel da turma com o *slogan* e os logotipos.

ATIVIDADE

Escreva as iniciais de seu nome e crie uma sigla. Depois solte a imaginação: utilizando recorte, colagem, pintura ou desenho, faça seu logotipo. Enquanto você cria sua marca pessoal, pense: "Qual é o meu sonho para o futuro?".

PARA CASA

Pesquisar o significado das palavras: *transcendência* e *transcendente*.

Representar o resultado da pesquisa por meio de: símbolo, imagem, desenho, colagem, música, poema ou outra expressão artística.

GRANDELANCE

Criar personagens e histórias em quadrinhos que representem fatos interessantes ou humorísticos ocorridos na sala de aula.

Só não vale ridicularizar alguém.

1.2. Somos internautas. Navegamos pelo mundo

OBJETIVO

Conhecer o significado das palavras *transcendência* e *transcendente*. Compreender que a humanidade crê em realidades que estão para além do nosso mundo físico, visível.

MATERIAL

Expressões artísticas que resultaram da pesquisa sobre as palavras *transcendência* e *transcendente*.

GENIAL NAVEGAÇÃO

Você sabia que os "nautas" já existiam muito antes da internet? Nauta significa navegador. As pessoas sempre quiseram saber o que existe além do horizonte e inventaram modos de chegar sempre mais longe.

Os antigos nautas navegaram no mar e descobriram terras desconhecidas. Nós somos internautas. Navegamos no ciberespaço aberto pela internet e podemos fazer milhões de descobertas sobre culturas, pessoas, lugares e costumes diferentes dos nossos. Para nós, o mundo é muito mais amplo e atraente do que foi para os nossos antepassados.

Mas, você já percebeu que as mensagens escritas, as imagens e o som que enviamos pela internet navegam no ciberespaço de modo invisível? Você não os vê por aí. Só pode captá-los por meio de equipamento adequado.

NAVEGAR É SUPERAR LIMITES

Há milhares de anos as antigas civilizações, como por exemplo os fenícios, construíram os primeiros barcos. Mais tarde, no Império Romano, os navios galeras carregados

Barco filisteu do século XII a.C.

Modelo de barco fenício do século VII a.C.

Caravela portuguesa do século XVI.

de mercadorias e de passageiros navegaram no mar Mediterrâneo em todas as direções.

Os marinheiros imaginavam que o mar fosse povoado por monstros e seres superpoderosos. Mas nunca deixaram de enfrentar e superar o medo para ir cada vez mais longe.

Durante a Idade Média, há pouco mais de 500 anos, os navegadores da Europa atravessaram os oceanos em caravelas, encontraram o continente americano e ficaram admirados ao ver que a Terra era muito maior do que imaginavam.

Ônibus espacial em voo.

No século XX, os astronautas viajaram pelo sistema solar em suas poderosas naves espaciais. E agora, no século XXI, somos nós os conquistadores. Navegamos no espaço virtual e superamos todas as distâncias do planeta apenas com um movimento de nossa mão no comando do computador.

Mas somos diferentes dos nautas que nos precederam. Nossa navegação é real, porém é invisível.

Promover a leitura dos textos *Genial navegação* e *Navegar é superar limites*.

Deixar que os alunos/alunas citem o que conhecem a respeito dos assuntos abordados.

A seguir, organizar grupos que reflitam sobre a questão abaixo e anotem as conclusões.

ATIVIDADE

Você pode reunir-se com seu grupo e conversar sobre a questão: Por que a navegação na internet ajuda a compreender o significado da palavra *transcendência*?

Promover a apresentação das conclusões dos grupos.

Confrontar o conceito de infinito com os limites humanos (de tempo e espaço: estando em um lugar não se pode estar em outro).

Confrontar os conceitos de transcendente e imanente (algumas realidades perceptíveis e palpáveis e outras que os sentidos não atingem: não se pode ver, ouvir ou tocar o ar, mas sua existência é inegável).

Após o diálogo, pedir aos alunos/alunas que apresentem as expressões artísticas que prepararam em casa, sobre os conceitos de transcendente e transcendência por eles pesquisados.

Elaborar conclusões a respeito da ação humana de compreender o transcendente.

PARA CASA

Você pode procurar objetos, frases, preces, gravuras, fotografias, quadros, livros, cânticos... que lembrem uma tradição religiosa.

Pode conversar com pessoas sobre o significado de tais objetos e anotar o que descobriu.

Não se esqueça de trazer o resultado do trabalho para a próxima aula.

GRANDE LANCE

Criar seu diário de descobertas importantes.

Pode ser no computador ou em um caderno.

1.3. Locais sagrados, sinais do transcendente

OBJETIVO

Perceber na cultura e no meio ambiente sinais que revelam o desejo de superação de limites e a procura pelo transcendente. Constatar a diversidade religiosa por meio dos símbolos e objetos.

MATERIAL

Fotos e ilustrações de locais sagrados, sítios arqueológicos, símbolos e objetos de civilizações antigas e de tradições religiosas atuais. Objetos que foram trazidos de casa pelos alunos/alunas, pequenas plaquetas e fita adesiva para identificar as peças em uma exposição.

A SOMBRA

Era um dia de junho;
disse a erva para a sombra do olmo:
"Você se desloca da direita para a esquerda
muitas vezes, perturbando minha tranquilidade".

A sombra respondeu:
"Não sou eu, não sou eu.
Olhe para cima.
Há uma árvore que se move com o vento,
para o poente e para o oriente,
entre o Sol e a Terra".

A erva olhou para cima
e viu a árvore, pela primeira vez.
E disse para si mesma:
"Puxa! É uma erva maior do que eu".

E emudeceu.

Gibran, Khalil. *Para além das palavras*. São Paulo, Paulinas, 1995. p.185.

Promover a leitura do poema *A sombra*.

Pedir aos alunos e alunas que:

- destaquem os verbos; escrevê-los no quadro;
- procurem novos sujeitos, para o poema, mantendo os mesmos verbos.

Com as novas ideias e os novos sujeitos, reescrever o poema no quadro.

O novo poema deverá conduzir para a mesma conclusão do original: nem sempre percebemos a grandiosidade na qual estamos imersos.

Suscitar comentários que justifiquem o novo texto em relação ao original.

A ATIVIDADE RELIGIOSA FAZ PARTE DA CULTURA

Você percebeu como no 6º ano o seu conhecimento está sendo ampliado? A inteligência é algo fantástico! Podemos ver na cultura, na família e no meio ambiente os sinais de que estamos imersos na imensidão, como um peixe em relação ao mar.

Desde a última etapa da pré-história, por volta de 100 mil anos atrás, o *Homo sapiens* já refletia acerca de fenômenos intrigantes:

- os animais eram fortes e velozes;
- as aves voavam;
- as tempestades derrubavam árvores;
- os raios incendiavam florestas;
- o Sol "movia-se" pelo espaço sem cair;
- as plantas brotavam da terra.

Só as pessoas pareciam ter limites. Por isso pensavam que os elementos da natureza fossem poderosos espíritos do mundo transcendente.

Os clãs reservaram locais sagrados onde homenageavam os espíritos com danças, oferendas e pinturas nas paredes de rochas e grutas. Mais tarde, nas primeiras cidades, surgiram os templos em honra dos deuses.

OS IMPRESSIONANTES LOCAIS SAGRADOS

Alguns dos locais sagrados mais conhecidos são:

- os megálitos de Stonehenge, na Inglaterra;

Local sagrado dos espíritos. Floresta da Polinésia.

Misteriosas figuras da ilha de Páscoa, na costa do Chile.

- as pirâmides do sol e da lua, no México;
- as pedras da ilha de Páscoa, no oceano Pacífico;
- as ruínas de Machu Picchu, no Peru;
- as ruínas do templo de Luxor, no Egito;
- as pirâmides dos faraós, no Egito, e outros.

No Brasil existem centenas de locais pré-históricos em grutas e rochedos, cujas pinturas rupestres provam a cultura religiosa de povos que viveram aqui milhares de anos antes de nós.

Ler os textos: *A atividade religiosa faz parte da cultura* e *Os impressionantes locais sagrados*.

Deixar que os alunos e alunas comentem e conduzir o diálogo para a seguinte conclusão: a ação forma a cultura. Pode-se dizer que a experiência e a atividade religiosa são uma das origens da cultura, porque o mundo inteiro está repleto de sinais da ação religiosa desde as origens da humanidade.

Pedir aos alunos e alunas que citem sinais do fenômeno religioso na cultura atual.

Projetar ou expor as imagens de locais sagrados e suscitar comentários.

Por fim, montar a exposição dos objetos trazidos de casa e deixar que os alunos/alunas narrem os resultados das entrevistas feitas.

ATIVIDADE

Você pode participar da montagem da exposição com os símbolos e objetos religiosos que foram trazidos.

Pode escrever a identificação de cada peça: nome do objeto, tradição religiosa a que ele pertence, nome da pessoa que o emprestou.

CANÇÃO DA UNIDADE

É preciso dar as mãos
sentir-se como irmãos,
vencer o nosso desamor.

É preciso unir os dons
e reunir os sons,
pra se poder cantar o amor.

É preciso sermos luz
que gera e que conduz
a vida em todo o seu valor.

O amor é que ilumina
a estrada que nos conduz.

A planta sempre se inclina
pro lado que vem a luz.

Não importa a cor do ser,
nem a raça e nem poder,
pois todos somos tão iguais.
Procurando, a gente vai
chegar ao mesmo Pai,
que a todos ama sempre mais.

Mas importa sermos luz,
que gera e que conduz
a vida em todos os sinais.

José Acácio Santana – CD: *Notícias de vida* – Paulinas/COMEP

GRANDELANCE

Formar um grupo de música e canto para selecionar músicas do gosto de todos e animar as aulas, se possível com instrumentos.

1.4. O inexplicável sonho de Kathryn

OBJETIVO

Perceber que o anseio da busca pelo infinito está no interior de cada pessoa. Aproximar-se da linguagem simbólica e universal usada na mitologia.

SONHO DE PÁSSARO

Kathryn recordava-se de que, quando menina, era sonhadora, adorava ler e depois ficar imaginando países, gente estranha, paisagens encantadas. Adorava deitar-se na grama e observar o voo dos pássaros. Seguia-os a subir bem alto em curvas largas ou quedas súbitas e velozes. Imaginava-se voando, cortando os ares, querendo alcançar o azul do céu, ela, menina-pássaro.

Certa vez, aconteceu algo muito estranho: Kathryn acompanhava o voo de uma andorinha com toda a atenção. Tão profundamente se envolveu que, de repente, sentiu-se flutuando no ar; uma sensação de leveza tomou conta dela. Ela jamais esqueceu aquele momento de iluminação.

O tempo passou, Kathryn cresceu, estudou Física e dedicou-se à pesquisa. Quando abriram inscrição para o treinamento de mulheres astronautas, não hesitou, fez a sua. Pareceu que sempre esperara por isso. Foi aprovada e selecionada entre as primeiras e, finalmente, escolhida para a viagem no ônibus espacial.

Nada a desanimava, nem o rigor do treinamento, nem a rigidez dos horários ou a intensidade dos cursos a que devia assistir. Aprendeu a conviver com a falta de gravidade, com a dieta dos astronautas e com a aparelhagem dos foguetes e das cápsulas espaciais.

O tempo passou. Foi iniciada a contagem regressiva para a subida do *Space Shuttle Discovery*, o ônibus espacial. Kathryn e os outros astronautas concentraram-se. No horário previsto, o ônibus espacial se elevou, deixando um rastro de fogo.

No segundo dia, orbitando a Terra, Kathryn e seus companheiros foram os primeiros a andar no espaço sem estarem ligados por um cordão à nave-mãe. A astronauta, conduzida por uma Unidade de Manobra Tripulada – mochila a jato –, mergulhou no espaço cósmico e flutuou na escuridão. A maravilhosa sensação de leveza que sentira na infância voltou a inundá-la com toda a intensidade. Ela fazia um voo livre no espaço cósmico, envolta por sua grandeza, a Terra azul a girar na imensidão do universo.

Kathryn soube, então, que os sonhos ardentemente sonhados se tornam realidade.

Góes, Lúcia Pimentel. *Memórias futuras, contos infanto-juvenis contemporâneos.* Rio de Janeiro: Editora Universitária da Universidade Federal Fluminense. 1987. p. 50.

PODEMOS CONSTRUIR O QUE DESEJAMOS

O sonho de Kathryn se realizou porque ela deu os passos necessários para a conquista daquilo que queria.

Há sonhos que não dependem da vontade de ninguém. O sonho chega durante a noite e povoa o nosso mundo. Às vezes é assustador, outras vezes é agradável.

Os textos sagrados das tradições religiosas e da mitologia às vezes falam de sonhos nos quais Deus conversa com uma pessoa. Outras vezes falam de sonhos possíveis e até impossíveis ou perigosos, como no mito de Ícaro, da Grécia antiga.

Na Bíblia, no Antigo Testamento, há a história de José, um rapaz hebreu que interpretou o sonho do faraó do Egito. (Mosaico do Batistério de São João, Florença).

O VOO DE ÍCARO

A mitologia grega conta a trágica experiência do garoto que sonhou o impossível: aproximar-se do sol.

O rei Minos, da ilha de Creta, contratou os serviços de Dédalo, um arquiteto de Atenas que construiu para ele um labirinto intransponível, onde o rei prendeu o Minotauro. Enquanto esteve no palácio, Dédalo ajudou a princesa Ariadne a fugir com Teseu, seu amado, o que provocou a ira do rei Minos contra o arquiteto. Como punição, Dédalo foi preso no labirinto, e seu filho Ícaro com ele.

O pai, sabendo que era impossível fugir do labirinto, trabalhou por longo tempo, e fez dois pares de asas com penas de pássaros coladas com cera. Um dia, instalou um dos pares em si e o outro no filho, e os dois voaram por sobre as paredes do labirinto.

O sábio Dédalo preveniu Ícaro de que não voasse alto demais, mas o menino, fascinado pela grande aventura, subiu tanto que o calor do sol derreteu a cera e ele caiu no mar. O pai, desesperado, aterrissou perto da Itália, em prantos por não ter conseguido salvar o filho.

Promover a leitura dos textos: *Sonho de pássaro, Podemos construir o que desejamos* e *O voo de Ícaro*.

Organizar duplas ou trios e desenvolver a atividade seguinte.

ATIVIDADE

É hora de exercitar um direito humano importantíssimo: o diálogo. Não vá perder essa chance!

Serão formados duplas ou trios, mas seria legal você não correr para perto de sua melhor amiga ou amigo, e sim aproximar-se de colegas que ainda não conhece o suficiente. Podem dialogar:

O que é mais legal na história de Kathryn?

O que mais chama atenção no mito grego de Ícaro?

O que os dois personagens têm a ver com nossa vida?

Após o diálogo sobre os textos e a vida dos alunos/alunas, formar um círculo e conversar a respeito de desejos, capacidade de sonhar, ilusões, perigos, linguagem simbólica e tudo aquilo que os textos inspirarem e for de interesse da turma.

Pedir aos alunos/alunas que citem sonhos que aparecem em narrativas sagradas por eles conhecidas.

Observar que os relatos míticos das culturas de todos os tempos são sempre atuais, porque falam de realidades humanas em linguagem simbólica.

GRANDELANCE

Conversar com os familiares sobre os sonhos deles para o seu futuro.

1.5. Nomes sagrados do ser supremo

OBJETIVO

Constatar a semelhança e a diversidade na compreensão do transcendente entre povos e culturas de todos os tempos e regiões da Terra.

MATERIAL

Mapa-múndi e mapa do Brasil, ilustrações ou imagens para projetar que mostrem diversas culturas, etnias e regiões do país. Folha grande de papel pardo afixada na parede para recorte, colagem, pintura e desenho.

As tradições religiosas escritas, isto é as que possuem livros sagrados, bem como as de cultura oral, reservam nomes exclusivos para o ser supremo no qual creem.

O NOME NAS NARRATIVAS SAGRADAS

Quando lá no alto o céu ainda não tinha nome
Nem cá embaixo o mundo era chamado por seu nome
Apsu, o primeiro, foi o progenitor.
Ele estava escondido nas grandes águas
Quando ninguém ainda tinha sido criado
Nem chamado pelo nome.
Foi então que Lahmu e Lahamu nasceram
E foram receber seus nomes.

Cântico de Akkad, mito da criação da Babilônia.

Sacerdote africano da tribo Felupe, da Guiné-Bissau. Está diante das raízes de uma árvore sagrada.

DIFERENTES MODOS DE CHAMAR

O texto que você acaba de conhecer foi escrito há mais de 5 mil anos, na Babilônia, hoje Iraque. É um mito de criação porque explica a origem dos seres humanos e dá um nome ao criador e aos primeiros seres criados.

As tradições religiosas escritas dão vários nomes ao deus supremo:

- Allah, para os muçulmanos;
- Adonai, para os judeus;
- Pai, Filho e Espírito Santo, para os cristãos;
- Brahma, no livro dos Vedas dos hindus;
- também Brahma para os budistas.

As tradições religiosas orais, como as indígenas e ciganas, conservam suas narrativas sagradas por meio do ensinamento dos adultos para as crianças. Os índios guaranis, por exemplo, chamam o deus criador de Maíra; já os kaingang o chamam Tupe, os tapuias o chamam Tupã, enquanto os kulina preferem chamá-lo de Sinukari. Para os ciganos ele é Duvel Barô.

Os africanos de cultura iorubá, trazidos ao Brasil na época da escravização, chamam o criador pelo nome de Olorum, enquanto os de origem bantu o chamam Nzambi ou Kalunga. Em outras regiões da África ele é invocado com o nome Mulungu. Já os japoneses xintoístas preferem chamá-lo Kami Samá.

As tradições religiosas acreditam e ensinam que o ser supremo é bondoso para com todos. Veja como é invocado no Islamismo:

Ya Rahman – Ó Beneficente

Ya Rahim – Ó Misericordioso

Ya Sabur – Ó Paciente

Ya Latif – Ó Sutil

Banca de gravuras religiosas na Índia.

Zoroastro, acompanhado do deus Ahura Mazda, que é representado pela águia.

Após a leitura dos textos *O nome nas narrativas sagradas* e *Diferentes modos de chamar*, propor alguns minutos de silêncio para que os alunos/alunas pensem: como se explica a diversidade nos nomes do ser transcendente, ou Deus?

Organizar duplas ou trios para que elaborem cada um sua hipótese.

Expor o mapa-múndi e mostrar as regiões em que nasceram as tradições religiosas mais conhecidas (Islamismo, Judaísmo e Cristianismo no Oriente Médio; Hinduísmo, tradição cigana e Budismo na Índia; o Xintoísmo no Japão).

Identificar no mapa a África, berço da tradição afro-brasileira.

No mapa do Brasil, mostrar a diversidade de nações indígenas.

Despertar os conhecimentos já adquiridos a respeito de diferenças regionais e concluir que os nomes de Deus refletem a cultura e a língua do local onde cada tradição religiosa se formou.

Por fim, desenvolver a sugestão do item *Atividade*.

ATIVIDADE

Os nomes que as pessoas dão para Deus expressam o que Deus significa para elas.

Após refletir e debater acerca dos nomes dados ao ser transcendente, você pode opinar no grupo a respeito da questão: se fôssemos convidados a dar um novo nome a Deus, como seria?

A seguir, seu grupo vai representar artisticamente o novo nome de Deus.

Organizar grupos e distribuir o material de recorte, pintura e colagem.

Pedir aos alunos/alunas que conversem acerca da questão acima e cheguem a um acordo.

O nome de Deus pode ser expresso em uma frase ou atributo, como: "Criador da diversidade", "Amigo da inclusão", "Inspirador do diálogo", "Criador das diferenças".

Fixar o papel pardo na parede e deixar que cada grupo componha uma parte do painel coletivo.

Por fim, escolher um título geral para o painel.

GRANDE LANCE

Colecionar os nomes que as mais variadas tradições religiosas dão ao deus criador.

Criar um clube de colecionadores e trocar os nomes encontrados.

UNIDADE 2

As pessoas sonham com a felicidade

Objetivo Conhecer as diferentes formas e expressões de busca do transcendente que se revelam no desejo de felicidade, próprio de todo ser humano, e se manifestam nas tradições religiosas, nas culturas e na vida cotidiana.

2.1. Passos seguros para ser feliz

OBJETIVO

Compreender que o desejo de felicidade do ser humano se realiza em um âmbito comunitário de participação, solidariedade e amor. Conhecer as narrativas sagradas que tratam da felicidade perdida pela falta de respeito aos valores essenciais da convivência.

MATERIAL

Equipamentos para gravação de imagem e som, músicas populares preferidas da turma, livros e revistas.

Você se lembra da história de Branca de Neve? A princesa perseguida pela bruxa e perdida na floresta aprendeu a ser feliz cuidando dos anões e sendo cuidada por eles.

As tradições sagradas escritas e orais explicam que a perda da felicidade é resultado do egoísmo e do descuido com quem vive ao nosso lado.

A ORIGEM DO MONTE RORAIMA

Contam os índios macuxis, do estado de Roraima, que no começo dos tempos as tribos lá viviam felizes. A caça e a pesca eram abundantes e havia alimentos para todos.

Naquele lugar as árvores davam todo tipo de frutos, menos a banana, que ainda não existia no mundo. Por isso foi imensa a surpresa de todos quando em uma certa manhã viram na planície uma bananeira com um lindo cacho maduro.

Os pajés refletiram, conversaram e compreenderam que a bananeira pertencia a Paaba, o deus criador.

Chamaram-na Paruru e aconselharam os índios de todas as tribos a não tocarem no fruto da planta sagrada.

Durante muito tempo o conselho dos pajés foi respeitado. Mas em uma certa manhã todos viram com espanto que o cacho de bananas da Paruru havia desaparecido.

Antes de descobrirem quem fizera aquilo, os índios sentiram o chão se mover. Os céus tremeram em trovões e os animais da terra e do ar fugiram para longe. O dilúvio inundou tudo e um monte imenso brotou das águas e subiu até as nuvens.

Foi assim que apareceu o majestoso Monte Roraima. Desde então, através dos tempos, ele chora o fim da felicidade e lamenta pela pessoa que quis guardar o cacho de frutos sagrados só para si.

Contam os índios que todos os dias Paaba desce e suas nuvens cobrem o topo do monte que chora. É por isso que a água brota e escorre de todas as suas fendas e ravinas.

Após a leitura do texto, organizar grupos e pedir aos alunos/alunas que:

- identifiquem onde os índios macuxis acreditam estar a felicidade;
- encontrem diferenças e semelhanças entre o mito macuxi e a sociedade atual.

Após o diálogo, deixar que os grupos exponham as descobertas feitas e comparar as semelhanças do mito macuxi com outros relatos sagrados conhecidos.

Elaborar conclusões.

A FELICIDADE É UMA CONQUISTA

Todos nós temos limites que nos impedem de praticar o respeito pelos outros e a solidariedade: nosso egoísmo, o desejo de ter tudo só para nós, de vingar as ofensas, de competir e brigar, de ridicularizar os outros... Porém essas atitudes machucam as pessoas que vivem conosco e também nos deixam infelizes.

Mas será que as pessoas pensam assim? Que tal preparar uma enquete e descobrir o que elas dizem?

Começar a atividade com um levantamento de definições da felicidade.

Anotar as ideias no quadro e, a partir delas, formular uma pergunta. O que o faz feliz? Explique. Pedir aos alunos e alunas que entrevistem pessoas e filmem, gravem ou anotem as respostas.

Com o resultado da entrevista em mãos, organizar duas equipes para a produção de programas de rádio e de TV a respeito do tema Felicidade.

No caso de não ter havido gravação, os alunos/alunas podem apresentar os programas ao vivo: ler e comentar as respostas, intercalando-as com músicas conhecidas e declamação de poemas e outros textos sobre a felicidade.

Após a realização, avaliar a atividade por meio de um diálogo:

- Essa atividade nos deixou felizes? Por quê?
- Trouxe-nos decepção? Por quê?

Procurar as semelhanças entre as opiniões dos entrevistados, as atitudes e o ensinamento do mito macuxi ou de outros relatos sagrados conhecidos.

ATIVIDADE

Formar duas equipes para a produção de programas de rádio e TV.

Entrevistar pessoas sobre o que pensam a respeito da felicidade.

Apresentar os programas em sala de aula.

GRANDELANCE

Observar os programas de TV, as revistas, a publicidade... e ver como a felicidade é apresentada na linguagem da comunicação.

2.2. Todos em busca do sonho

OBJETIVO

Conhecer o significado das cidades sagradas e das peregrinações religiosas. Refletir acerca das dificuldades e dos impulsos do caminho pessoal e coletivo.

MATERIAL

Material de pintura e desenho. Uma folha de cartolina para cada grupo.

Você já parou para pensar por que motivo às vezes surge aquela sensação de vazio e um desejo indefinido de algo maior?

FELICIDADE É PARA COMPARTILHAR

Conforme o ensinamento das tradições religiosas, quanto mais as pessoas se animam mutuamente nos caminhos de seus ideais, mais felizes serão. Existem palavras sagradas de saudação que expressam esses desejos de felicidade.

Axé, nas tradições africanas, é alegria, vida e bênção dos orixás.

Shalom, entre os judeus, é paz e bênção de Adonai.

Hare Krishna, para os hinduístas, é uma saudação de harmonia interior.

MashaAllah, para os muçulmanos, é gratidão a Deus pela vida.

A paz de Cristo é a saudação das igrejas cristãs. O próprio Jesus Cristo disse muitas vezes para os seus discípulos: "A paz esteja com vocês".

O Buda sorridente expressa a felicidade que vem da harmonia interior.

Aleluia, irmão é o convite que os irmãos e irmãs evangélicos fazem uns aos outros para o louvor a Deus.

Após a leitura do texto *Felicidade é para compartilhar,* pedir aos alunos/alunas que dialoguem:

- Quais as principais palavras de encorajamento e solidariedade que as pessoas costumam dizer umas às outras?
- O que sentimos quando alguém nos diz a palavra certa na hora em que mais precisamos?

Depois do diálogo, refletir acerca da importância de uma presença e uma palavra amiga quando se está em uma situação difícil.

Concluir mostrando que as tradições religiosas creem que o próprio Deus acompanha e guia as pessoas no caminho da vida, rumo aos sonhos de paz, amor e felicidade.

O CAMINHO ENCANTADO

Contam os mestres budistas que existiu na Índia muito e muito tempo atrás uma cidade escondida. Quem lá chegasse teria uma grande surpresa.

Um grupo de jovens contratou um sábio guia de caravanas, que os levou por trilhas entre abismos, montanhas, desertos, túneis escuros, estreitas pontes, densa névoa e florestas fechadas, a caminho da cidade.

Passaram-se dias, semanas e meses até que, exaustos e desanimados, os jovens disseram ao guia:

– A cidade misteriosa não existe. Vamos desistir. Queremos voltar para casa.

– Olhem para o lado – respondeu o guia. – O que veem ali, fora da trilha?

– Um esplêndido castelo! Por que está aqui neste lugar deserto? – exclamaram os jovens.

Entraram, serviram-se das iguarias que os esperavam em uma mesa e depois cada um escolheu seu aposento e dormiu até o amanhecer.

Ao se levantarem, o guia os esperava com o bastão na mão e a bagagem às costas. Assombrados, os jovens indagaram:

– Por que vamos partir? Este lugar é fantástico! Fiquemos aqui.

– Vocês não estão a caminho da cidade que guarda uma grande surpresa? Querem desistir por causa de um simples ponto de repouso na estrada? – perguntou ele.

Os jovens olharam uns para os outros como quem entendeu a mensagem, tomaram as mochilas e seguiram o guia. Na mesma hora o castelo desapareceu.

Organizar grupos, distribuir o material de pintura e desenho e pedir que sigam as sugestões do item *Atividade*.

ATIVIDADE

Com seu grupo, você pode:

Ler com atenção o conto budista *O caminho encantado.*

Depois, listar os elementos que aparecem: personagens, caminho com seus acidentes, castelo...

A seguir, desenhar ou pintar tudo na cartolina e deixar um espaço para concluir o cenário.

Com a arte pronta, conversar e escrever:

O que significam: o caminho, os túneis, as pontes, a névoa, a floresta?

Quem é o guia que conduz os jovens?

Qual o significado do castelo?

Por fim, imaginar: o que o grupo do conto encontrou no fim do caminho?

E completar o cenário na cartolina.

No fim da atividade, promover a apresentação dos trabalhos e das conclusões dos grupos.

Depois pedir aos alunos/alunas que lembrem o que sabem a respeito de cidades sagradas reais: Meca para os muçulmanos, Jerusalém para os judeus, Benares para os hinduístas, Roma para os cristãos, Machu Picchu para os incas, Tenoctitlan para os astecas, Ilé-Ifé para os africanos.

Lembrar as peregrinações que são feitas até essas cidades.

Concluir: as cidades sagradas são locais simbólicos, nos quais as pessoas celebram e confirmam a esperança e a fé no sentido transcendente da vida.

PARA CASA

Durante a semana, lembre-se de uma ocasião de sua vida na qual você se sentiu muito feliz.

Crie, então, uma forma de comunicação para esse fato, como história em quadrinhos, poema, notícia de jornal, crônica... Se você ilustrar a narrativa, ela vai comunicar muito melhor a experiência que você quer compartilhar com a turma.

2.3. Quem alcança o arco-íris?

OBJETIVO

Refletir acerca da ética da convivência e da procura da felicidade, que não se esgotam na realidade material, mas têm uma dimensão transcendente.

MATERIAL

As folhas que foram escritas e ilustradas durante a semana, com os fatos felizes da vida de cada um.

PROCURAMOS UM TESOURO

Diz a lenda que no outro lado do arco-íris existe uma panela de moedas de ouro. Casos do tempo antigo contam que no Brasil as pessoas enchiam potes e panelas com moedas e mandavam que um escravo os enterrasse. Dizem que alguns gananciosos matavam o escravo, e assim só eles mesmos conheciam o local do tesouro. Ao morrerem tudo ficava perdido para sempre.

Talvez a lenda do arco-íris tenha algo a ver com os casos que o povo brasileiro contava. Mas o arco-íris ninguém conseguiu atravessar. Ele parece estar sempre mais à frente.

Após a leitura do texto *Procuramos um tesouro,* despertar os conhecimentos já adquiridos pela turma a respeito do arco-íris:

- como se forma (quando a luz se cruza com a umidade da atmosfera e reflete suas cores nas gotas de água);
- o que ele pode simbolizar (diferenças, identidade, diversidade, interação, respeito, valorização, harmonia).

Deixar que os alunos/alunas opinem:

- Por que a lenda diz que o tesouro só será encontrado por quem atravessar o arco-íris?
- Se o tesouro fosse encontrado por uma pessoa egoísta, gananciosa, sensível, desprendida, generosa, solidária, amorosa... O que cada uma delas faria?

Depois do diálogo, pedir a cada aluno/aluna que apresente a folha que preparou em casa e narre o momento feliz que ela retrata.

Após as narrativas, incentivar a turma a tirar conclusões que relacionem as experiências narradas com o diálogo anterior sobre a lenda do arco-íris.

Os guaranis acreditam que além do horizonte, no meio do mar, existe a Terra Sem Males, onde a vida é feliz, sem morte, desgraças e doenças.

ATIVIDADE

Depois de ter refletido sobre a lenda do arco-íris, você pode narrar para a turma e escutar as narrativas dos colegas a respeito de um momento feliz de sua vida.

GRANDELANCE

Conversar com os familiares sobre os momentos mais felizes e montar o álbum da felicidade da família.

2.4. O menino das caravanas

OBJETIVO

Conhecer a origem do Islamismo e compreender que as tradições religiosas interpretam a experiência transcendente que o ser humano procura.

MATERIAL

Mapa-múndi para situar a Arábia e imagens ou ilustrações de mesquitas e pessoas muçulmanas.

Você sente, às vezes, uma sensação de solidão, como se ninguém o amasse?

As sensações, na maioria das vezes, são diferentes da realidade. Você é uma pessoa repleta de capacidades para ser tudo aquilo que sonha. Veja a história do garoto órfão e desprezado que se tornou um dos maiores líderes espirituais da humanidade.

MAOMÉ, O MENINO DAS CARAVANAS

Em Meca, na atual Arábia Saudita, no século VI d.C., nasceu Maomé. O menino ficou órfão de pai e mãe e foi criado por pessoas cruéis que o maltrataram. Era um garoto muito inteligente, mas nunca foi levado à escola.

Ainda adolescente, Maomé foi contratado por uma caravana de mercadores e passou a viajar constantemente pelas trilhas do deserto, de um país para outro.

Durante a noite, nas rodas de conversa dos mercadores junto das fogueiras, Maomé ouviu falar do Deus único – Allah, em árabe –, também reverenciado pelos judeus e pelos cristãos que ele encontrava em suas viagens.

Jovem islamita das ilhas Filipinas.

Jovens islamitas estudam o Alcorão, em Camarões, África.

Com o passar dos anos, Maomé deixou seu trabalho na caravana, mas não se esqueceu do que havia aprendido com os mercadores. Resolveu conhecer melhor o Deus único e passou a dedicar um mês inteiro por ano à meditação, ao jejum e à oração, no alto da colina Hika, perto da cidade de Meca.

Já com mais de 50 anos de idade Maomé sentiu que era hora de compartilhar sua fé e reuniu discípulos aos quais explicou a importância de crer em Allah e viver conforme sua vontade. Algumas pessoas de Meca não aceitaram a nova religião e tentaram matar Maomé. Por esse motivo ele se transferiu para a cidade de Jatrib, que, com sua chegada, passou a chamar-se Medina, a cidade do profeta.

A noite em que Maomé deixou Meca é chamada Hégira. Ocorreu em 24 de setembro do ano 622 e se tornou o marco inicial do Islamismo, que vem da palavra *Islã*, isto é: submissão a Deus.

Os discípulos do Profeta escreveram seus ensinamentos e assim surgiu o Alcorão, que é o livro sagrado do Islamismo.

Maomé, à esquerda, é representado por uma tocha flamejante.

Após a leitura do texto *Maomé, o menino das caravanas*, situar no mapa a região onde nasceu o Islamismo, projetar ou expor as fotos e deixar que a turma comente.

Depois, organizar grupos de três ou quatro alunos/alunas e orientar a realização do item *Atividade.*

Concluído o diálogo em grupos, pedir aos alunos e alunas que lembrem outros textos sagrados que tenham ensinamentos semelhantes (a Bíblia, por exemplo).

Concluir a atividade mostrando que os principais ensinamentos das tradições religiosas são válidos para todos os tempos e culturas, porque nasceram dos desejos, necessidades e sonhos das pessoas.

ATIVIDADE

Você e seu grupo podem ler o texto *O Alcorão mostra o caminho da felicidade* e depois conversar acerca de fatos de suas vidas:

- uma oportunidade em que pôde amar, servir, perdoar, ajudar, dizer a verdade;
- como se sentiu agindo assim;
- como a pessoa ajudada se sentiu.

O ALCORÃO MOSTRA O CAMINHO DA FELICIDADE

- Abandonar a idolatria.
- Não roubar.
- Não mentir.
- Não injuriar.
- Não se embriagar.
- Ajudar os pobres.
- Pagar a quem trabalha antes que o suor lhe seque na fronte.
- Não obedecer a ordens que sejam contra a fé.

PARA CASA

Fazer a brincadeira de amigo-secreto.

Você pode observar o amigo ou a amiga durante a semana e anotar todas as coisas boas e bonitas que vê.

Depois, pode criar uma expressão artística que simbolize as características positivas da pessoa.

GRANDE LANCE

Combinar com as outras turmas do 6º ano a preparação de um evento em que cada uma apresente os resultados das aulas de Ensino Religioso.

Com certeza a turma que tiver compreendido melhor a experiência das aulas será a primeira a não querer competir nem criticar a apresentação dos colegas.

2.5. Amizade, impossível não ter

OBJETIVO

Constatar que as diferentes capacidades das pessoas ajudam todos a serem mais felizes. Refletir sobre o valor da amizade. Conhecer um conto da tradição judaica.

MATERIAL

As expressões artísticas que foram criadas pelos amigos-secretos para representar cada aluno/aluna.

As tradições religiosas escritas e orais conservam contos, parábolas e lendas que levam a refletir acerca de nossas vidas.

A LIÇÃO DE AVRAHAM AVINU

Contam os sábios judeus que muitos séculos atrás um rabino chamado Pinchas de Koritz pediu a Deus o dom de ajudar as pessoas. Deus o atendeu, e quando a fama de sua sabedoria se espalhou caravanas de peregrinos apareceram. Todos queriam ser ouvidos e orientados por ele.

No começo, o bom rabino recebeu os visitantes com dedicação, mas ao passar do tempo cansou-se das pessoas e pediu a Deus: "Por favor permita-me viver sozinho". Deus o atendeu outra vez e ele se isolou em uma cabana a estudar e rezar.

Passou o tempo e chegou a Festa das Tendas, quando os judeus fazem visitas e recebem hóspedes. O rabino

preparou uma refeição e esperou por todo o dia que algum amigo se lembrasse de visitá-lo

Já era noite e ele na porta, ansioso por ver chegar alguém. De repente teve uma visão: viu o Patriarca Abraão, que vinha em pessoa ao seu encontro. Muito feliz, o rabino o convidou: "Venha,

Avraham Avinu (Abraão Nosso Pai – expressão usada pelo povo judeu), venha cear comigo". "Não me sinto bem na casa de quem prefere viver só" – respondeu o Pai Abraão, e passou adiante.

Na mesma hora o rabino suplicou a Deus que o fizesse voltar a ter amigos e outra vez foi atendido. Desde então, nunca mais fez pedidos exóticos porque entendeu que o melhor modo de agradar a Deus e ser feliz é ter carinho e amizade todos os dias por quem vive ao nosso lado.

Após a leitura do conto *A lição de Avraham Avinu,* pedir aos alunos e alunas que observem os elementos especificamente religiosos do conto (suplicar a Deus, ser atendido, celebrar uma festa religiosa, ter uma visão, receber a visita de um personagem bíblico).

Pedir que destaquem no texto o que mais se assemelha às próprias experiências (cansaço da convivência, desejo de isolar-se, solidão, voltar atrás nas decisões, procurar amizades, sentir falta das pessoas).

Sugerir que passem o texto para o gênero teatral e o representem.

INCRÍVEL! DEUS PRECISA DE AMIGOS

A Bíblia conta, no livro do Êxodo, que Moisés e o Deus Adonai eram grandes amigos.

Uma vez, Deus desabafou o coração com Moisés e disse: – O povo de Israel não me ama mais e oferece sacrifícios aos ídolos. Estou muito magoado.

Moisés respondeu: – Não faça nada de mal ao povo. Pense em Abraão, Isaac e Jacó, os antepassados deste povo, que foram grandes amigos seus. Por respeito a eles, não faça mal ao povo.

Então Deus reconheceu que Moisés tinha razão, superou a mágoa e não procurou chamar a atenção do povo como havia pensado.

(Confira na Bíblia: Ex 32,7-14.)

Esta iluminura da Idade Média mostra Deus conversando com Moisés

Após a leitura do texto *Incrível! Deus precisa de amigos,* pedir aos alunos/alunas que encontrem pontos de relação com o conto judaico antes lido.

Por fim, promover a revelação dos amigos-secretos por meio da arte que foi preparada em casa.

ATIVIDADE

Após a leitura do conto *A lição de Avraham Avinu*, você pode observar os elementos especificamente religiosos do texto.

Depois tente destacar o que mais se assemelha às suas próprias experiências. Pode ainda passar o conto para o gênero teatral e representar junto com seu grupo.

Na hora da revelação do amigo ou amiga não esqueça de descrever, com sinceridade, as características positivas da pessoa que você representou por meio de sua arte.

PARA CASA

Procure uma caixa de tênis, de sapatos ou outra embalagem similar. Forre-a com papel neutro e desenhe uma janela grande com vidraças. Traga-a para finalizar o trabalho na próxima aula.

UNIDADE 3

Janelas para o infinito

Objetivo Compreender que os símbolos constituem boa parte da linguagem religiosa e representam o esforço das tradições religiosas em compreender o transcendente.

3.1. Além dos vidros da janela

OBJETIVO

Compreender que as tradições religiosas utilizam uma linguagem simbólica para falar do mistério transcendente e que existem símbolos universais, dentre os quais a luz é um dos mais frequentes. Conhecer um conto da tradição hinduísta.

MATERIAL

A caixa preparada em casa, retalhos de papel celofane de várias cores, lápis de cor, tesoura de ponta ou estilete, fita adesiva, uma vela ou uma pequena lanterna.

Você já se imaginou passando férias no Polo Norte, exatamente no inverno?

Lá, a noite dura seis meses. A luz do Sol volta a brilhar só na primavera e fica até o fim do verão. Depois, é o escuro novamente, por todo o outono e o inverno.

A LÂMPADA DE BENARES

Conta a tradição hinduísta que nas ruas de Benares vivia uma velhinha muito pobre, mas rica de ternura e compaixão. Em sua grande pobreza, sempre encontrava formas de aliviar os sofrimentos das criaturas mais necessitadas do que ela.

A velhinha de Benares tinha um único sonho: acender uma lâmpada no templo do deus Shiva para demonstrar-lhe seu amor e sua fé. O óleo para a lâmpada era caro, mas quando a pobrezinha conseguiu moedas de pouco valor foi ao mercado e comprou a menor medida de óleo que encontrou. Depois foi ao templo ao entardecer e acendeu uma pequena lâmpada.

Na manhã seguinte todas as outras lâmpadas grandes estavam apagadas, só a menor de todas continuava a cintilar, e assim permaneceu por todas as noites diante do compassivo deus Shiva, que viu nela o símbolo do mais generoso e humilde coração.

Desenvolver as sugestões do item *Atividade*.

Após a janela pronta, conversar a respeito do efeito de cores que a janela produz e relacioná-la com as religiões, que refletem o transcendente de diferentes modos, cada uma com a linguagem de uma determinada cultura.

Depois pedir aos alunos/alunas que descrevam o que sabem sobre a iluminação com fogueiras, candeeiros, lamparinas, velas e lâmpadas ao longo da história e o uso destes instrumentos nos ritos das religiões.

Ler o conto *A lâmpada de Benares* e despertar o conhecimento já adquirido a respeito do Hinduísmo.

Deixar que os alunos lembrem outros textos que falam do símbolo da luz.

Por fim, sugerir uma pesquisa sobre o Hinduísmo.

ATIVIDADE

Para começar, você pode concluir a montagem da janela, seguindo o passo a passo:

1 – Recortar os espaços dos vidros da janela que você desenhou.

2 – Colar papel celofane de várias cores, imitando vitrais coloridos.

3 – Decorar o restante da caixa com desenhos de tijolos, por exemplo.

4 – Iluminar o interior da caixa com uma vela ou uma lanterna e ver o efeito.

Você pode conversar com a turma sobre os sentimentos que a escuridão desperta e a sensação que é trazida pela luz.

Depois pode lembrar o que você já sabe a respeito dos costumes de iluminação ao longo da história.

Após conhecer o conto *A lâmpada de Benares,* conte à turma o que você sabe sobre o Hinduísmo e depois aumente seus conhecimentos por meio de uma pesquisa.

OLHAREI PARA TI

Ó Grande Rei, em teu paço deserto
mostra-te por um momento.
Tu me levarás lá, só a mim,
pelos caminhos de todas as luzes,
à tua luz, caminho de todos.

Ó Divindade,
entrei em teu templo,
junto a outros peregrinos da terra,
quando, na hora da oferenda,
as portas estavam abertas.

Quando, apagadas as lâmpadas,
teus adoradores se forem
por diferentes caminhos
e as portas se fecharem:
na quietude das trevas,
coloca-me a teus pés.
Empunhando a lâmpada da única vida,
esquecendo-me do mundo,
só olharei para ti.

Tagore, Rabindranath. *Noibeddo oferta.* São Paulo, Paulinas, 1996. p.66.

Igreja da Reconciliação, centro ecumênico de Taizé, França.

PARA CASA

Reunir os familiares, apagar a luz e iluminar o interior da janela colorida com uma vela ou lanterna. Conversar sobre o significado da religião na vida.

3.2. O mistério do príncipe iluminado

OBJETIVO

Conhecer o Budismo e compreender que as tradições religiosas surgem quando as pessoas fazem a experiência do sagrado, compartilham-na e procuram entender o que existe além do mundo visível e palpável.

Você já ouviu falar no Budismo?

Você sabe que ser um Buda é ser uma pessoa iluminada pela sabedoria?

O PRÍNCIPE INDIANO

Durante o século VI a.e.C. (Antes da Era Comum ou Era Cristã), ao sopé das montanhas do Himalaia, entre a Índia e o Tibet, viveu o povo Sakya, governado pelo rei Suddhodhana Gautama. Seu filho, o príncipe Sidhartha Gautama, estudou os Vedas, os textos sagrados do Hinduísmo, e desejou encontrar neles o sentido da vida.

Ao tornar-se adulto, o príncipe casou-se e sua esposa teve um filho, mas, mesmo assim, ele não se sentiu totalmente feliz. Resolveu então peregrinar pelo mundo à procura da resposta para sua pergunta: qual o sentido da doença, da velhice e da morte? É possível vencer o sofrimento?

Após sete anos de meditação e renúncias, enquanto refletia sob uma figueira, subitamente o peregrino compreendeu que o sofrimento não é vontade de Deus, mas é o resultado das ações erradas das pessoas quando se deixam conduzir pelo egoísmo, autossuficiência, ambições, invejas, rivalidades e outros sentimentos ruins. Aquela noite chamou-se noite da iluminação, porque o príncipe encontrou o entendimento que procurava e compreendeu que a felicidade está em respeitar todos os seres, aliviar os sofrimentos do próximo, ter compaixão e cuidar de quem precisa.

Com a morte do príncipe Sidhartha Gautama seus discípulos continuaram seguindo seu ensinamento, e assim surgiu o Budismo, que significa "a procura da iluminação".

O livro sagrado do Budismo chama-se Tripitaki, que significa "Os três cestos da sabedoria". Nele estão contidos ensinamentos que iluminam a vida dos budistas e os ajudam a seguir o exemplo do Buda.

Mulher, crianças e jovens indianos.

Após a leitura do texto *O príncipe indiano,* propor um tempo de reflexão pessoal.

A seguir os alunos/alunas poderão circular no pátio em silêncio, por cerca de 15 minutos, e observar os seres vivos (insetos, pequenas plantas, grama, erva daninha e outros) que no dia a dia passam despercebidos.

Se possível, continuar a aula no pátio e propor que descrevam o que viram e o que sentiram.

Pedir que reflitam sobre a fragilidade de tais seres, que poderiam ser arrancados, caçados, esmagados, mortos e nem sequer emitiriam um grito de socorro.

Destacar o fato de que o ser humano não pode explicar o sofrimento, mas pode proteger os seres mais frágeis.

Por fim, ler o texto *Respeito a todos, caminho da iluminação* e promover o diálogo sobre as questões do item *Atividade.*

RESPEITO A TODOS, CAMINHO DA ILUMINAÇÃO

- A verdadeira crença: crer na verdade e orientar-se por ela.
- A verdadeira decisão: jamais agredir nenhum ser vivo.
- A verdadeira palavra: jamais mentir nem difamar ninguém.

- O verdadeiro comportamento: nunca roubar, matar ou agir escondido.
- A verdadeira ocupação: a honestidade sem engano e sem falsidade.
- O verdadeiro esforço: procurar sempre o bem e afastar-se do mal.
- A verdadeira contemplação: ter calma e serenidade sem se alterar.
- A verdadeira concentração: a paz de estar no caminho certo.

ATIVIDADE

Você pode experimentar a atitude de um buda. Isto é, meditar em silêncio e observar as menores criaturas do meio ambiente. Depois, conversar com a turma a respeito da compaixão e do respeito.

Por fim, pode ler o texto *Respeito a todos, caminho da iluminação* e dar sua opinião sobre as questões.

- O que existia no mundo do príncipe Sidhartha Gautama que continua existindo até hoje?
- Em nossos dias, quais as atitudes que mais faltam para que as pessoas se tornem "iluminadas"?
- A que situações se aplicam os ensinamentos de Buda sobre o caminho da iluminação?

PARA CASA

Você pode trazer balas, bombons, biscoitos ou frutas para serem compartilhados com a turma, na próxima aula.

GRANDELANCE

Criar e dramatizar uma pequena peça de teatro sobre uma das atitudes do Budismo que favorece o caminho para ser uma pessoa iluminada.

3.3. A receita da sopa de pedras

OBJETIVO

Conhecer a força sempre atual da tradição oral que conserva contos, mitos, lendas, com ensinamentos atuais em todos os tempos. Refletir acerca da ética e da solidariedade, como a partilha do alimento e outros.

MATERIAL

Os alimentos que foram trazidos por todos e uma cestinha para colocá-los. Material para escrever as conclusões da atividade.

Você tem irmão ou irmã menor?

Como você se sentiria se os adultos da família dessem presentes a você todos os dias e não se lembrassem nem sequer de alimentar seu irmão ou irmã menor?

A SOPA DE PEDRAS

Em uma aldeia, em algum lugar distante, no passado, houve uma forte seca e a plantação foi perdida. Os mantimentos daquele ano estavam quase no fim e não haveria colheita para o ano seguinte.

Todas as famílias tinham medo da fome e cada uma guardava em casa o pouco que ainda possuía para comer.

Um dia, um ancião forasteiro chegou ao centro da aldeia. Fez uma fogueira, colocou sobre ela um caldeirão com água e foi acrescentando pedras que juntava pelos arredores.

Uma criança o viu e se aproximou.

– O que está fazendo? – quis saber, curiosa.

– Uma sopa de pedras! – disse ele. E acrescentou: – Mas ainda falta alguma coisa. Quer provar?

A criança provou, e sentiu que alguma coisa faltava. Saiu correndo e em pouco tempo estava de volta com uma batata na mão. Ofereceu-a ao ancião e disse: – Tome. Vai dar um gosto bom a sua sopa.

Outras crianças chegaram, saíram e voltaram, cada uma trazendo uma coisa que ia parar no caldeirão. No fim, o cozinheiro anunciou que a sopa já podia ser saboreada. Cada criança correu para casa e trouxe seu pratinho e sua colher. Todos, sentados ao redor da fogueira, fartaram-se daquela delícia.

Depois, o velhinho recolheu a panela, despediu-se e seguiu viagem. As crianças voltaram para casa e contaram às mães: – Agora não temos mais medo da fome, porque hoje nós aprendemos a fazer sopa de pedras.

Conto popular

Desenvolver o item *Atividade.*

Depois, ler o conto *A sopa de pedras.*

Organizar grupos e sugerir que o reescrevam e o situem na vida atual, por exemplo: em vez de aldeia, bairro; em vez de seca, desemprego etc.

Após terem preparado o novo texto, sugerir que o dramatizem.

Conversar a respeito dos valores que surgiram nos novos contos dramatizados. Enfatizar o valor da partilha.

Pedir aos alunos/alunas que relatem como suas respectivas religiões praticam a partilha ou cuidam dos necessitados.

Por fim, sugerir uma pesquisa sobre contos, lendas e fábulas que tratam do tema partilha.

ATIVIDADE

Você pode colocar na cesta a surpresa que trouxe para compartilhar.

Agora a cesta pode circular de mão em mão, para que cada um possa servir-se.

Depois de todos saborearem o que foi compartilhado, ler o conto *A sopa de pedras* e comentar:

O que mais nos chama a atenção no conto?

Quais os sentimentos que experimentamos ao colocar na cesta o que trouxemos e, depois, ao nos servirmos de alguma coisa da cesta?

Fazer uma ressonância, isto é, cada um pode repetir alguma palavra ou frase de um colega que mais lhe chamou a atenção durante o diálogo.

Campanha contra a fome, no Rio Grande do Sul.

GRANDELANCE

Selecionar em casa os brinquedos e outras coisas que você não usa mais.

Formar um grupo de colegas e levar tudo a um local onde haja crianças carentes.

3.4. O segredo do doutor Zaratustra

OBJETIVO

Conhecer o Zoroastrismo e compreender que o ensinamento de uma tradição religiosa pouco conhecida tem elementos atuais e contribui para a humanização da sociedade.

Você sabe: segredos são preciosidades guardadas com cuidado e reveladas só a pessoas de confiança. Mas alguns, ao serem revelados, trazem grandes benefícios e podem até melhorar a sociedade e o mundo.

ZOROASTRISMO, DEUS QUER O BEM DE TODOS

Na antiga Pérsia – atual Irã –, por volta de 2.700 anos atrás, nasceu um menino que se chamou Zaratustra. Ele cresceu e foi educado com os melhores mestres nas tradições do país. Desde jovem, muito o impressionou o sofrimento da maioria das pessoas. Por isso pensou em tornar-se médico e atender aos doentes pobres e abandonados.

Quando concluiu o curso de medicina e foi trabalhar no meio dos mais pobres, o doutor Zaratustra descobriu que as pessoas temiam os demônios causadores de doenças. Impressionado com o fato, foi ao palácio e convenceu o rei de que a crença em espíritos maus trazia tristeza e medo, e que o povo precisava libertar-se daquela passividade e conhecer o grande segredo: a existência de um Deus bom, justo e protetor de todos.

Detalhe de um bracelete de ouro da antiga Pérsia, encontrado perto do rio Óxus, no atual Cazaquistão.

O rei agradou-se da ideia e deu ao médico Zaratustra o cargo de ministro da saúde. Ele organizou serviços de higiene, combateu a desnutrição e ensinou o povo a usar os vegetais como alimento. As pessoas passaram a ter saúde e deixaram de temer os maus espíritos.

Foi assim que surgiu o zoroastrismo, a religião de Zoroastro, ou Zaratustra. Seu livro sagrado é o *Avesta*, que ensina a praticar o bem, a evitar o mal e a confiar em Deus, o ser bom e justo que o povo persa passou a chamar Ahura Mazda.

PRECE DA REFEIÇÃO

Vamos adorar Ahura Mazda
que fez toda a criação e toda a vida.
Ele, que fez a justiça,
a água, as plantas comestíveis e a terra,
fez também as estrelas e tudo o que existe.
A ele o esplendor, porque tudo é bom.

Khorda Avesta, livro das preces do Zoroastrismo.

O *AVESTA* ENSINA A CUIDAR DO MEIO AMBIENTE E DAS PESSOAS

- Viver sempre a sinceridade e nunca a falsidade.
- Não alimentar pensamentos maldosos, mas pensamentos puros.
- Ajudar os necessitados.
- Cultivar a terra e plantar árvores.
- Criar animais domésticos e não agredir os animais.
- Instruir e educar pessoas que não podem frequentar os mestres.
- Cuidar do asseio pessoal, das casas e dos ambientes públicos.

Após a leitura dos textos *Zoroastrismo, Deus quer o bem de todos; Prece da refeição* e *O Avesta ensina a cuidar do meio ambiente e das pessoas,* organizar grupos e pedir aos alunos/alunas que procurem relacionar elementos dos três textos (o povo aprendeu a se alimentar melhor e passou a agradecer a Deus pelos alimentos).

A seguir, deixar que os grupos apresentem as relações que encontraram e as anote no quadro.

Lançar a questão: qual foi o segredo que o doutor Zaratustra revelou ao povo persa? (Revelou a existência de um deus bom e protetor de todos. Ensinou que as pessoas, por suas ações, podem se livrar das doenças.)

Por fim, realizar a sugestão do item *Atividade*.

ATIVIDADE

Após a leitura do texto O Avesta *ensina a cuidar do meio ambiente e das pessoas,* você pode refletir e participar do debate a partir da questão:

Os persas libertaram-se do medo dos maus espíritos ao saberem que um deus bondoso cuidava de todos.

Em nossa sociedade, o que as pessoas temem?

Que segredo deveria ser revelado hoje para mudar a vida das pessoas que sofrem?

PARA CASA

Trazer o necessário para fazer uma festinha na sala.

GRANDELANCE

Analisar revistas em quadrinhos e ver se as histórias trazem mensagens semelhantes ou contrárias ao ensinamento do *Avesta* e de outras tradições religiosas.

UNIDADE 4

Uma festa no jardim

Objetivo Conhecer os principais ensinamentos das tradições religiosas a respeito da morte e da imortalidade.

4.1. Festas sagradas

OBJETIVO

Conhecer a tradição religiosa africana e afro-brasileira, perceber a função das narrativas míticas e o aspecto simbólico dos ritos que celebram a esperança em um futuro transcendente.

MATERIAL

O necessário para uma confraternização na sala.

Imagine a festa que seria o mundo se as pessoas praticassem a solidariedade e a partilha.

As tradições religiosas celebram a crença em Deus por meio de festas. Pudera, não há como falar de certos mistérios senão comparando-os com o que temos de melhor.

O POVO BANTU E A ALDEIA DE DEUS

Conta a tradição oral bantu da África que em tempos remotos Deus habitava em uma aldeia em Ruanda e tinha um pacto com o povo: jamais alguém tentaria vê-lo. Enquanto todos observaram o combinado, trabalharam felizes e conseguiram alimento abundante para todos, dançaram e cantaram nas horas livres e viveram seguros, tendo Deus por vizinho.

Um dia, porém, uma pessoa curiosa deixou uma cabaça de água fresca na porta da cabana de Deus na hora do sol mais quente e escondeu-se para vigiar. De repente seu coração saltou no peito quando viu Deus estender o braço e recolher a água.

Aquela pessoa correu para casa e nada contou a ninguém. Mas ao cair da tarde, quando o sol sumiu atrás do lago, todos sentiram uma estranha saudade. Correram para a cabana de Deus, mas a encontraram vazia.

Quando os caçadores foram para a floresta não encontraram animais e a sobrevivência se tornou difícil e cansativa. Uma solidão enorme pousou sobre a aldeia e sobre o coração de cada um, e até hoje todos vivem com saudades de Deus.

Mas nem tudo foi perdido. O povo bantu de Ruanda crê que as pessoas, após a morte, passam para o outro lado do lago, lá onde o sol desce todas as tardes. É a aldeia de Deus, onde os antepassados vivem com ele em uma perene festa.

Mito de Ruanda, conservado pela tradição oral do povo bantu.

Distribuição de alimentos na Festa do Divino, em São Luís do Paraitinga (SP).

Começar a atividade por um breve tempo de festa, com música, dança e partilha de alguma guloseima trazida pelos alunos/alunas.

Finalizar a festa após 15 minutos e permitir que a turma reclame e se lamente por sua brevidade.

Pedir aos alunos/alunas que voltem à calma e iniciar um diálogo sobre as duas primeiras questões propostas no item *Atividade.*

Após a troca de ideias, promover a leitura do texto *O povo bantu e a aldeia de Deus*, antes lembrando que o povo bantu é uma das etnias ancestrais da população afro-brasileira.

Pedir aos alunos/alunas que destaquem os elementos do mito:

- cultura e religião (oral de uma etnia africana);
- cenário (a aldeia);
- personagens (Deus e o povo bantu);
- pacto (Deus se comprometeu a viver na aldeia mediante o compromisso de todos de não querer vê-lo);
- infração (alguém não resistiu à curiosidade e viu a mão de Deus);
- consequência (Deus se retirou e deixou saudades);
- esperança (o reencontro com Deus após a morte).

Anotar no quadro a análise feita pela turma.

Organizar grupos de três ou quatro pessoas e pedir que desenvolvam a segunda tarefa proposta no item *Atividade.*

ATIVIDADE

Você pode curtir a festa e depois participar do diálogo da turma.

- O que há na festa que tanto nos atrai?
- O que há em nossa vida cotidiana que a distancia de uma festa?

Depois da leitura e análise do mito do povo bantu, você irá trabalhar em equipe.

Conservar todos os elementos do mito original, imaginar que Deus habita em sua escola e reescrever o texto com personagens atuais.

Com a tarefa realizada, e os novos textos escritos, o grupo pode transformá-lo em teatro, colagem, pintura, música, poema ou narrativa dramatizada.

PARA CASA

Pedir aos familiares que mostrem fotografias e contem o que lembram de melhor dos parentes já falecidos. Trazer as fotos para a sala de aula.

4.2. O túnel secreto do rio

OBJETIVO

Conhecer um mito indígena e perceber que a linguagem mítica é usada por todas as tradições religiosas na referência aos mistérios transcendentes, dentre eles a morte.

MATERIAL

Fotografias de pessoas queridas que já faleceram. Ilustrações para expor ou projetar: urnas funerárias indígenas, fotos de cemitérios e locais de sepultamento de várias culturas.

As tradições religiosas usam linguagens e personagens diferentes em suas narrativas sagradas, mas todas refletem sobre a procura da felicidade e o sofrimento que faz parte da vida humana.

Veja este mito da tradição oral indígena.

A MORTE DO MENINO CARAJÁ

No começo dos tempos, os carajás eram um povo aquático e viviam no fundo do rio Araguaia. Um dia, alguns jovens descobriram que o rio passava por um túnel. Ao entrarem por ele, chegaram à terra. Tudo ali era fantástico: árvores, flores, frutas e relva; animais, riachos e cascatas formavam uma bela paisagem iluminada pelo sol.

Os jovens voltaram para casa e descreveram a grande novidade. Ao saberem daquele lugar maravilhoso, os anciãos e o pajé decidiram conduzir o povo para a terra iluminada.

A tribo subiu pelo túnel e foi habitar na margem do rio. As crianças correram pela floresta, aprenderam a subir em árvores e provaram de todas

Urna funerária, procedente da Ilha de Marajó (PA). Museu Paulista, SP.

as frutas. Mas um menino encontrou o urucum seco e, sem saber que era venenoso, comeu-o e ficou doente. O velho pajé não soube o que fazer, porque no fundo do rio não existia doença.

O garoto morreu. Foi a primeira morte de uma criança carajá. Todos ficaram assustados e tentaram voltar para o fundo do rio Araguaia, mas o túnel nunca mais foi encontrado.

Tradição oral da tribo carajá habitante do Pará, às margens do rio Araguaia, na divisa com o estado do Tocantins.

Após a leitura do mito carajá, expor e comentar as ilustrações sobre as formas de sepultamento.

Deixar que os alunos/alunas descrevam o que sabem sobre cerimônias fúnebres assistidas pessoalmente, em filmes, na televisão, em livros etc.

Após o exercício de conhecimento, promover uma partilha de vivências, conforme a sugestão do item *Atividade*.

ATIVIDADE

Em círculo, você pode comunicar a sua opinião sobre:

Você já sofreu com a morte de uma pessoa querida? Ou talvez de um animalzinho que era seu companheiro e amigo?

Procure lembrar o que sentiu naquela ocasião.

Concluir a partilha destacando a dimensão do mistério que envolve a morte e a incapacidade da ciência de compreendê-lo completamente. Enfatizar a crença na imortalidade, professada por todas as tradições religiosas.

Sugerir uma pesquisa acerca dos mitos e narrativas sagradas que abordem o mistério da morte.

Cemitério budista no Japão.

PARA CASA

Pesquisar o processo de metamorfose da lagarta em borboleta.

Preparar cartazes com ilustrações que mostrem esse processo.

GRANDELANCE

Pesquisar sobre mitos que falem da origem do mundo e do ser humano.

Construir uma maquete que represente a ideia principal dos mitos.

Por exemplo: um jardim.

4.3. Será que a lagarta sonha ser borboleta?

OBJETIVO

Perceber o símbolo como uma forma de refletir sobre o mistério. Conhecer a diversidade de formas da crença na imortalidade.

MATERIAL

Retalhos de papel colorido e de cartolina, folhas de revista, lápis, tesoura, fita adesiva e cola.

Cartazes preparados pelos grupos sobre a metamorfose da lagarta em borboleta.

Você já sonhou que estava voando ou tentando voar?

Algumas vezes, sonhamos o impossível, mas um sonho assim nos faz pensar.

SONHOS... IMPOSSÍVEIS (?)

A lagarta se arrasta pelo chão.
Será que ela sonha voar
por cima das árvores?

A lagarta não se solta do galho onde está.
Será que ela sonha fazer
uma dança no ar
sem se apoiar em nada?

A lagarta é cinza, verde, marrom...
Será que ela sonha
ter desenhos multicores?

A lagarta não sabe
que um dia será borboleta.
Mas... não será isso mesmo que ela sonha?

Maria Inês Carniato

Promover a declamação do poema *Sonhos... impossíveis (?)*

A seguir, deixar que os alunos/alunas apresentem os cartazes com os resultados das pesquisas sobre a metamorfose.

Desenvolver o debate sobre as duas questões propostas no item *Atividade.*

Após o debate, distribuir o material de arte e pedir que cada aluno/aluna crie uma borboleta.

Com as borboletas prontas, pedir que enumerem as dificuldades que encontraram no trabalho.

Deixar que comparem essas dificuldades aos limites e barreiras com que se deparam na vida para serem aquilo que sonham.

Enfatizar a semelhança da metamorfose com os limites da vida humana e as crenças na continuidade da vida após a morte.

ANCESTRALIDADE, REENCARNAÇÃO E RESSURREIÇÃO E NADA: MODOS DE EXPLICAR O QUE HÁ DEPOIS DA MORTE

As tradições religiosas cristã, judaica e islâmica creem na ressurreição: a pessoa nasce uma única vez e após a morte passa a viver com Deus, na felicidade eterna.

Na mitologia escandinava, as valquírias recolhem os corpos dos guerreiros mortos no campo de batalha e levam-nos para o deus Odin.
(As Valquírias. Willian T. Maud).

Já o Budismo, o Hinduísmo, o Espiritismo creem na reencarnação: a pessoa nasce, vive, morre e torna a nascer até que percorra o caminho para a entrada definitiva na felicidade do mundo transcendente.

O Xintoísmo do Japão, as tribos indígenas do Brasil e as religiões afro-brasileiras, como também tribos e culturas tradicionais de outras partes do mundo, acreditam na ancestralidade: os espíritos dos antepassados protegem os descendentes e formam com eles uma grande família, cujos membros são alguns visíveis, os vivos, e outros invisíveis, os mortos.

Existe também a crença no nada, isto é, a morte é o fim do ser humano e não há nenhum tipo de sobrevivência transcendente.

Estas explicações da morte comprovam a diversidade das crenças nos mistérios da existência humana. A diferença no modo de crer é um direito de toda pessoa.

Promover a leitura e a compreensão do texto *Ancestralidade, reencarnação e ressurreição e nada: modos de explicar o que há depois da morte.*

Propor um trabalho posterior de reflexão pessoal e produção de um texto sobre o tema: limites da lagarta e possibilidades da borboleta; semelhanças com a vida de uma pessoa.

ATIVIDADE

Depois da apresentação dos cartazes sobre a metamorfose, você pode refletir e conversar com a turma:

- Quais os limites da lagarta que são superados pela borboleta?
- Em que aspectos a lagarta e a borboleta lembram a morte e as crenças religiosas a respeito do pós-morte?

Com o material de artes você pode criar uma borboleta e, enquanto trabalha, refletir: é difícil transformar papel em uma obra de arte? As dificuldades que eu encontro nessa tarefa são semelhantes às que eu enfrento na vida cotidiana? Em que se assemelham?

PARA CASA

Pesquisar: o que as tradições religiosas falam sobre o jardim e o paraíso terrestre?

Na próxima aula, a turma poderá visitar um jardim, parque ou praça, ou mesmo ir ao pátio do colégio ou a algum lugar onde haja árvores ou flores.

GRANDELANCE

Desenhar e pintar, a mão ou no computador, o jardim de seus sonhos e usar a obra de arte para decorar seu quarto.

4.4. As borboletas vivem no jardim

OBJETIVO

Conhecer as crenças das tradições religiosas sobre o significado e o destino do mundo e do ser humano.

MATERIAL

O necessário para uma saída da escola e ida até um parque ou jardim.

Material para descrever, desenhar, filmar ou fotografar os elementos observados.

O resultado da pesquisa sobre o tema na mitologia das tradições religiosas.

Você já observou que as narrativas míticas de diversas tradições religiosas comparam a vida no mundo transcendente a um jardim?

O JARDIM DO GRANDE ESPÍRITO

Quando o Grande Espírito criou o céu e a terra, encheu os prados de animais que corriam e saltavam e povoou as florestas de pássaros, borboletas e libélulas.

As flores abriram-se nas árvores e nos arbustos, perfumando o ar e atraindo as abelhas que delas tiravam o mel.

Mas o Grande Espírito não ficou satisfeito. Sentia como que uma falta, uma saudade de alguém que ainda não estava ali.

Ele então fez um círculo com grandes pedras, bateu palmas e as pedras moveram-se e começaram a caminhar, transformadas em homens e mulheres.

O Grande Espírito lhes disse:

– Criei vocês, porque sozinho eu estava entediado. Quero que fiquem sempre comigo. Vivam felizes, não façam o mal a ninguém nem a nada e eu me alegrarei com vocês.

Tradição oral indígena do Equador.

Em um parque ou no pátio do colégio onde haja plantas e flores, pedir que os alunos/alunas circulem por algum tempo, observem e anotem, filmem ou fotografem tudo o que lhes parece bom e belo na natureza e na ação humana (bancos, caminhos, fontes artificiais etc).

De volta à sala, deixar que os alunos/alunas classifiquem os elementos registrados e suas utilidades (árvore: sombra, flores, perfume, cor, beleza, fruto, sabor, proteínas etc).

Após a classificação, orientar a produção de textos individuais ou coletivos, nos quais sejam comparados os atributos e benefícios de um jardim com as virtudes e valores que os seres humanos podem viver (assim como a sombra da árvore alivia o calor em dias quentes, o ser humano também pode promover o bem-estar de quem com ele convive).

Com os textos escritos, promover a leitura e a troca de ideias entre os alunos/alunas e concluir o trabalho com os resultados da pesquisa a respeito do paraíso terrestre nas narrativas míticas das tradições religiosas, como estas e outras:

- Na Grécia antiga acreditava-se que o Olimpo fosse um parque maravilhoso no alto de um monte coberto de nuvens, onde habitava Zeus, o deus criador, com os deuses seus auxiliares.
- A Bíblia narra a criação do mundo como um jardim situado entre grandes rios e povoado de animais, onde Deus passeava à brisa da tarde.
- Os índios guaranis do litoral brasileiro creem que após a morte a pessoa vai para a Terra Sem Males: um jardim escondido no meio do mar.

Pedir aos alunos/alunas que sugiram conclusões como: o que falta na sociedade para que o mundo seja um jardim? O que deve ser eliminado para que todos vivam felizes?

ATIVIDADE

Você e sua turma irão anotar, filmar ou fotografar tudo o que há de bom e belo em um jardim ou parque.

Depois, vão classificar os elementos registrados e suas utilidades.

Após a classificação você pode escrever um texto no qual vai comparar os benefícios de um jardim com as virtudes e valores que os seres humanos podem viver.

Por fim, você poderá ler seu texto para a turma e refletir, com base nos dados da pesquisa, a respeito do paraíso terrestre nas narrativas míticas das tradições religiosas.

Depois de tudo isso, pense: o que falta na sociedade para que o mundo seja um jardim? O que deve ser eliminado para que todos vivam felizes?

O herói recebido no Olimpo.
Pintura de Jean-Baptiste Pierre.

GRANDELANCE

Cultivar seu jardim em casa, no quintal ou em vasos.

Explicar às pessoas o significado do jardim na vida humana.

Avaliação periódica

Recordar como foram feitas as avaliações, tanto nos anos anteriores como durante este ano.

Escolher a forma de avaliação mais adequada e que mais ajude a expressar o conhecimento adquirido e as vivências significativas.

AVALIAR

- a participação de cada aluno;
- as atitudes que cada um conseguiu viver;
- as sugestões deste livro, se foram válidas ou não, se foram complicadas ou não;
- quais as atitudes concretas que a turma conseguiu assumir;
- quais as atividades que mais agradaram e que podem continuar no próximo ano;
- quais as atividades que não funcionaram e por quê;
- se houve momentos de desinteresse geral, desordem, confusão;
- quais os motivos das desordens;
- como cada um se sentiu na turma;
- como a turma sentiu a presença do educador;
- quais as sugestões novas para o próximo ano.

Os resultados da avaliação podem ser escritos, e as sugestões ou resoluções para o próximo ano, guardadas para serem levadas em consideração oportunamente.

SÍNTESE DO ANO

Conversar:

- O que me lembro de tudo o que conhecemos e dialogamos durante o ano?
- O que vai ficar para minha vida?
- Neste ano, adquiri alguma atitude nova?
- Como eu via a mim mesmo, a minha família, o mundo... no começo deste ano, e como vejo agora? Alguma coisa mudou?
- O conhecimento das tradições religiosas, do mundo e da vida, por meio das aulas de Ensino Religioso deste ano, ajudou-me a pensar no que poderei fazer no futuro em benefício da vida?
- A partir do que dialogamos, como poderíamos sintetizar a experiência deste ano?
- Quais as nossas esperanças e expectativas para o ano que vem?

Caso não seja possível, não é preciso conversar sobre todas as sugestões acima. Podem ser escolhidas algumas que a classe considere mais importantes.

Glossário

Antepassados – pessoas que viveram antes de nós, espíritos dos mortos venerados pelas suas famílias. Os descendentes creem que os antepassados, que vivem no mundo transcendente, podem protegê-los, ajudá-los e guiá-los.

Banquetes rituais – ritos de várias tradições religiosas nos quais as pessoas compartilham entre si os alimentos que foram ofertados aos deuses, aos espíritos ou aos orixás. É uma forma de simbolizar a comunhão com o mundo transcendente.

Dia de finados – dia em que a Igreja Católica recorda as pessoas que faleceram e reza por elas com mais intensidade. Nesse dia as pessoas costumam visitar os cemitérios, acender velas e colocar flores nos túmulos, como símbolo de que acreditam que seu entes queridos continuam vivos no mundo transcendente.

Dignidade – palavra normalmente usada quando a pessoa possui um cargo ou título. Mas todo ser humano tem dignidade e merece respeito, pelo simples fato de existir.

Espíritos – algumas tradições religiosas tribais, do passado e de hoje, creem nos espíritos dos antepassados, que continuam vivos e podem comunicar-se com os descendentes por meio dos sonhos. Outras creem também nos espíritos totêmicos, isto é, em determinados animais, vegetais ou objetos que protegem a tribo ou o indivíduo.

Harmonia interior – estado de tranquilidade, paz e uma certa concentração constante, que permite que a pessoa enfrente as dificuldades do dia a dia sem se desequilibrar, irritar-se intensamente, sofrer angústia ou magoar e agredir as pessoas com quem convive.

Homo sapiens – expressão latina que significa "espécie humana inteligente". Refere-se aos seres humanos que viveram no último período da pré-história, e deram origem aos nossos antepassados e a nós. Por isso nós também somos definidos como *Homo sapiens*.

Imortalidade – crença de que os deuses e espíritos não sofrem as consequências da morte e que os seres humanos também, ao passarem pela morte, entram no mundo da imortalidade, como se a morte fosse uma porta de passagem.

Infinito – algo que não tem fim nem limite.

Instinto – espécie de programação genética que o animal de sua espécie recebe para comportar-se de determinada maneira, sem para isso precisar de aprendizado. Também o ser humano tem algumas atitudes instintivas, como por exemplo a criancinha que logo após o nascimento começa a mamar, age pelo instinto de sobrevivência.

Islamismo – religião fundada pelo profeta Mohammad (Maomé), no início do século VII, na região da Arábia. A palavra *Islã*, em árabe, significa submissão à vontade de Deus. Os seguidores dessa religião são chamados muçulmanos ou islamitas. Allah é a tradução da palavra Deus na língua árabe.

Megálitos – grandes pedras que até hoje permanecem nos locais onde foram colocadas há milhares de anos, para marcar lugares sagrados, como túmulos ou locais onde se fazia o ritual religioso.

Mistério – algo secreto, desconhecido ou reservado, que não pode ser revelado ou que não está ao alcance da inteligência humana, ou, ainda, que é reservado ao conhecimento de poucos, como por exemplo as tradições religiosas de mistério da antiguidade grega e romana.

Mitologia – conhecimento dos mitos, que são histórias fantásticas cujos personagens são deuses, espíritos, elementos da natureza e seres humanos. Os mitos são uma linguagem simbólica que tenta responder as mais importantes perguntas humanas: a origem da vida e das coisas, o sentido e o destino da vida, o sentido da morte e do sofrimento e o que existe após a morte.

Orixás – são entidades das tradições religiosas africanas e afro-brasileiras, popularmente conhecidos como deuses menores que guiam e protegem a vida humana. Na mitologia do povo iorubá, os orixás são divindades criadas por Olorum – o Deus supremo dos iorubás. Em algumas tradições eles representam ou personificam as forças e elementos da natureza: água, fogo, trovão, raio, árvores, matas etc.

Pergaminho – material antigo de escrita originado da cidade de Pérgamo. Era feito de couro de animal curtido e preparado para esta finalidade.

Sagrado – local, objeto ou linguagem reservados para a comunicação com o transcendente ou a ele dedicado.

Segundo Testamento – mais conhecido como Novo Testamento, é a segunda parte da Bíblia, que se refere a Jesus Cristo e ao começo do Cristianismo.

Símbolo – algo que representa e faz lembrar outra coisa, como por exemplo: um coração faz lembrar o amor, a água faz lembrar a possibilidade de vida de todos os seres, e assim muitas outras coisas. Os símbolos religiosos representam as crenças e os ensinamentos de cada tradição religiosa, como a luz que lembra a existência e a presença de Deus ou o círculo que lembra a imortalidade.

Tradição oral – crenças e ensinamentos de um povo que são comunicados de uma geração para outra por meio de mitos, histórias, sagas, lendas, e formam a cultura e a identidade daquele povo. Em geral, têm um conteúdo religioso.

Tradições religiosas africanas – tradições religiosas tribais dos povos da África. As tradições religiosas chamadas afrodescendentes são as tradições sagradas que foram trazidas pelos africanos para cá durante o período do tráfico de pessoas escravizadas. Depois, as gerações seguintes as mantiveram com respeito e fidelidade, e elas sobrevivem até hoje.

Tradições religiosas escritas – conjunto de ensinamentos, ritos e decálogo de conduta que se encontram nos escritos sagrados de determinado povo e cultura.

Tradições religiosas tribais – conjunto de tradição, costumes e ritos das tribos que não possuem escritos sagrados e mantêm sua identidade pela tradição oral. São as formas mais antigas de tradição religiosa, mas existem até hoje em muitas regiões do mundo.

Transcendente – algo que transcende, isto é, está para além, das realidades deste mundo. A palavra *transcendente*, de modo geral é usada somente em relação ao mundo dos mistérios das crenças religiosas, isto é, à existência de seres e realidades que as capacidades humanas não conseguem apreender, mas o conseguirão quando forem libertadas de seus limites após a morte.

Vida histórica – é a vida de cada indivíduo antes da morte, isto é, dentro do tempo, da história. As tradições religiosas creem e ensinam que após a morte a pessoa vive em uma outra dimensão, fora do tempo histórico.

Zoroastrismo – doutrina e prática da tradição religiosa de Zoroastro, ou Zaratustra, um médico persa que viveu no século VI a.C. e ensinou que o mundo e a vida humana são uma luta entre o bem e o mal. Se o ser humano se deixar conduzir pelo bem, terá a ressurreição e a eternidade feliz. Ao contrário, será condenado ao sofrimento para sempre. O Zoroastrismo hoje é muito pouco representado. Sua terra de origem, a Pérsia, hoje Irã, converteu-se ao islamismo.

Sumário

Paulinas

Rua Dona Inácia Uchoa, 62
04110-020 – São Paulo – SP (Brasil)
Tel.: (11) 2125-3500
http://www.paulinas.com.br – editora@paulinas.com.br
Telemarketing e SAC: 0800-7010081